Studien zum Schul- und Bildungsrecht

Herausgegeben von

Prof. Dr. Wolfram Cremer, Ruhr-Universität Bochum
Prof. Dr. Jörg Ennuschat, FernUniversität in Hagen
Prof. Dr. Ralf Poscher, Universität Freiburg
Prof. Dr. Johannes Rux, Universität Tübingen
Prof. Dr. Hinnerk Wissmann,
Westfälische Wilhelms-Universität Münster

Band 5

Institut für Bildungsforschung und Bildungsrecht e.V./
Deutsches Institut für Internationale Pädagogische
Forschung (Hrsg.)

# Zur Rechtsstellung der Lehrkräfte – heute

## 1. Deutscher Schulrechtstag

Nomos

Die Deutsche Bibliothek verzeichnet diese Publikation in der Deutschen Nationalbibliografie; detaillierte bibliografische Daten sind im Internet über http://dnb.ddb.de abrufbar.

ISBN 978-3-8487-0508-5

1. Auflage 2013

# Vorwort

*Hans-Peter Füssel*

Eine neue Veranstaltungsreihe aus der Taufe zu heben, das ist für alle Beteiligten immer ein Risiko. Aber die Teilnahme von über 100 Personen am 1. Deutschen Schulrechtstag, der am 15. Juni 2012 in Berlin stattfand, hat die Richtigkeit und auch Notwendigkeit eines solchen Unterfangens eindrücklich bestätigt.

Was hat die Veranstalter, das Institut für Bildungsforschung und Bildungsrecht e.V. an der Ruhr-Universität Bochum (IfBB) einerseits, das Deutsche Institut für Internationale Pädagogische Forschung (DIPF) andererseits, nun veranlasst, diese Veranstaltungsreihe „*Schulrechtstag*" zu begründen ?

Für das *Institut für Bildungsforschung und Bildungsrecht* ergibt sich eine Mitwirkung an einer solchen Veranstaltung schon aus der im Namen gesetzten Zielrichtung der Arbeit dieses Instituts.Für dieses, nunmehr an der Ruhr-Universität Bochum unter der Leitung von Prof. Wolfram Cremer als An-Institut angesiedelt, sind Fragen des Bildungsrechts ein zentraler Bestandteil der Forschungsarbeit. Nicht zuletzt zeigt sich dies an der vom Institut herausgegebenen, bescheiden als „Informationsschrift" genannten Zeitschrift „Recht und Bildung", die unter der Federführung von Prof. Johann Peter Vogel erscheint und insbesondere Rechtsfragen im Zusammenhang mit Schulen in freier Trägerschaft thematisiert.

Und für das *Deutsche Institut für Internationale Pädagogische Forschung* in Frankfurt am Main ist Schulrecht ein prägendes Element seit seiner Gründung. So formulierte der damalige (Gründungs-)Direktor, Prof. Erich Hylla, im Jahre 1952 im ersten Institutsprospekt der damaligen Hochschule für Internationale Pädagogische Forschung:

> *„Erziehungswissenschaft ist ja nicht nur die Wissenschaft von dem, was im Schulzimmer geschieht, sondern umfasst auch die Voraussetzung dafür, von denen sehr wesentliche in der spezifischen Form der Schulunterhaltung, der Schulorganisation, Schulverwaltung und Schulaufsicht liegen."*

In Umsetzung dieses Konzeptes war jene Hochschule, die einmal mit amerikanischer Unterstützung als Ausdruck des Programms der „*Re-Education*" in Deutschland gegründet wurde, in drei Abteilungen gegliedert – unter anderem jene, die sich mit „*Schulunterhaltung, Schulverwaltung, Schulgesetzgebung*" befasste, neben einer weiteren, die sich in ihren Forschungen auf „*Lehrpläne, Lehrmethoden, Lehrmittel*" bezog und aus – heutiger Sicht sehr modern ! – einer Abteilung „Pädagogische Psychologie, Tests und Messungen".

Die Abteilung am DIPF, die man im weitesten Sinne als Vorläufer der heutigen, „*Steuerung und Finanzierung des Bildungswesens*" genannten, bezeichnen kann, war jene, der Prof. Hans Heckel einst vorstand; dessen „Schulrechtskunde" erschien im Jahre 1957 in einer ersten Auflage. Inzwischen ist, nunmehr unter Federführung des

Heckel-Nachfolgers Prof. Hermann Avenarius, die jetzt „Schulrecht" genannte 8. Auflage erschienen – das grundlegende Werk, so wird man sagen dürfen, des deutschen Schulrechts.

Was also lag näher, als dass beide Institutionen den „Schulrechtstag" aus der Taufe hoben, um dem Schulrecht den ihm angemessenen Platz zu sichern ?

Gleichwohl: auch die Frage, warum nun im Jahre 2012 diese Gründung erfolgte, ist eine berechtigte.

Berlin war immer– zwar sicherlich eher aus Zufall denn als Ausdruck gezielter Planung – ein wichtiger Ort, an dem Schulrecht bearbeitet und diskutiert wurde.

Am *Max-Planck-Institut für Bildungsforschung* war seit den Gründungszeiten in den 1960er Jahren das Bildungsrecht ein wichtiger Schwerpunkt. Der Gründungsdirektor dieses Instituts, Prof. Hellmut Becker, war selbst Jurist und intensiv mit Fragen des Schulrechts befasst, auch schon und insbesondere in seinen Zeiten als Rechtsanwalt in Kressbronn und in der Vertretung von Schulen in freier Trägerschaft.

Prof. Ingo Richter als Leiter der entsprechenden Abteilung am Max-Planck-Institut für Bildungsforschung und die am Institut eingerichtete Gruppe zur Erarbeitung eines Muster-Schulgesetzentwurfes, der im Auftrag des „Deutschen Juristentages" dann Anfang der 1980er Jahren vorgelegt wurde, haben hier entscheidende Arbeiten für die dogmatische Fortentwicklung des Schulrechts geleistet.

Aber auch danach war über insgesamt 25 Jahre lang Schulrecht an diesem Institut mit der Veranstaltungsreihe „*Forum Berliner Schulrecht*" präsent, mit immerhin 63 Veranstaltungen bis zum Jahre 2010. Charakteristikum dieses „Forums", das mit Unterstützung von Prof. Dr. Jürgen Baumert in dessen Abteilung vom Verfasser dieser Zeilen geleitet wurde, war der Charakter als Diskussions- und Austauschforum für an Fragen des Schul- und Bildungsrechts Interessierte, seien es Praktiker aus Schulen oder Schulverwaltung, seien es Rechtsanwälte oder Richter, seien es Hochschullehrer des Rechts oder der Erziehungswissenschaften.

Dass nach Auslaufen auch dieser Veranstaltungsreiche ein „Loch" entstanden war, das war den Organisatoren des Schulrechtstages bewusst – und in gewisser Weise hat das „Forum Berliner Schulrecht" im „Schulrechtstag" seine Fortsetzung gefunden.

Die Veranstaltung konnte – mit Unterstützung der Deutschen Kreditbank AG – in deren Räumlichkeiten in der Taubenstraße in Berlin stattfinden – ein sicherlich einmaliger Ort, der aber seinen Reiz nicht zuletzt daraus gewann, dass just im Nebenhaus, dem Berliner Sitz der Kultusministerkonferenz, im März 2011 im Zusammenwirken mit den Schulrechtsreferenten und -referentinnen aus den Kultusministerien der Bundesländer eine Veranstaltung zu Problemen des Datenschutzes und der Informationsfreiheit im Zusammenhang mit Evaluation von Schulen stattgefunden hatte – eine Veranstaltung, die auch in Zusammenarbeit mit der Arbeitsgruppe „Bildungsrecht" der Deutschen Gesellschaft für Bildungsverwaltung entstanden war.

Der 1. Deutsche Schulrechtstag, dessen Beiträge im vorliegenden Band zusammengefasst und so für Beteiligte und Unbeteiligte noch einmal zum Nachlesen, Nachschlagen und Nachdenken vorgelegt werden, hatte also seine Vorläufer. Und er fand auch zum richtigen Zeitpunkt am richtigen Ort statt – und offenbar hat auch das Thema, die „*Rechtsstellung der Lehrkräfte*", bei den Teilnehmern und Teilnehmerinnen nicht nur Interesse im Sinne des sich Anmeldens, sondern auch in der Teilnahme an der Veranstaltung gefunden. Dabei hat sicherlich die Breite der Themen, aber zugleich auch der unmittelbare praktische Bezug der Themenstellungen und der Erfahrung der Referenten und Referentinnen eine große Rolle gespielt. Ihnen gebührt der Dank dafür, dass sie die Veranstaltung zu einem Erfolg haben werden lassen, und auch dafür, dass sie ihre Beiträge dann noch einmal überarbeitet und für diese Publikation zur Verfügung gestellt haben. Dies gilt auch für die Vertreter der Lehrerverbände, die an der abschließenden Diskussionsrunde aktiv teilgenommen haben und auf diese Weise noch einmal unterstrichen haben, dass die Frage der ( richtigen ) „Rechtsstellung der Lehrkräfte" keineswegs eine wissenschaftlich-theoretisch interessante ist, sondern eine solche von ebenso hoher praktischer Bedeutung und Relevanz.

Wenn es dem Schulrechtstag zukünftig – was die beteiligten Institutionen hoffen und wünschen – gelingt, in ähnlich gelungener Verbindung Fragestellungen aufzuwerfen und zu thematisieren, die sowohl der Praxis als auch der Wissenschaft Rechnung tragen und auf beiden Seiten Interesse finden, dann hat sich die Institutionalisierung des Deutschen Schulrechtstages nicht nur gelohnt, sondern sie verspricht Kontinuität in der Zukunft. Dies ist und bleibt zu hoffen – im Interesse des Schulrechts in Deutschland und seiner Fortentwicklung.

# Inhaltsverzeichnis

Verbeamtung von Lehrern als Verfassungsgebot 11
*Wolfram Cremer*

Bewertung von Lehrern durch Schüler 39
*Jörg Ennuschat*

Lehrereinstellung: schulscharf und leistungsgerecht 57
*Klaus-Detlef Hanßen*

Rechtsstellung der Lehrer an Schulen in freier Trägerschaft 69
*Anja Surwehme*

Reform der Lehrerbildung und Sicherung der Abschlussanerkennung – ein altes Thema, heute gelöst? 79
*Fridtjof Filmer*

# Verbeamtung von Lehrern als Verfassungsgebot

*Wolfram Cremer*[*]

A. Einleitung 11
B. Landesverfassungsrecht 13
C. Grundgesetz: Art. 33 Abs. 4 15
I. Entwicklung der Diskussion über ein in Art. 33 Abs. 4 GG fundiertes Verfassungsgebot zur Verbeamtung von Lehrerinnen und Lehrern 16
1. Langjähriger Konsens eines Verbeamtungsgebots von Lehrerinnen und Lehrern 16
2. Ende des Konsenses 16
II. Auslegung von Art. 33 Abs. 4 GG und Konsequenzen für die Verbeamtung von Lehrerinnen und Lehrern 17
1. In einem öffentlich-rechtlichen Dienst- und Treueverhältnis stehende Angehörige des öffentlichen Dienstes: Beamtenstatus 17
2. Hoheitsrechtliche Befugnisse 18
a) Vorbemerkungen 18
b) Gewissheiten 19
aa) Wirtschaftliche Betätigung der Öffentlichen Hand: Keine Ausübung hoheitsrechtlicher Befugnisse 19
bb) Tätigkeiten ohne eigene Sachentscheidungsgewalt: Keine Ausübung hoheitsrechtlicher Befugnisse 19
cc) Eingriffsverwaltung als Ausübung hoheitsrechtlicher Befugnisse 20
dd) Zwischenfazit 20
c) Verbleibende Meinungsvielfalt 21
aa) „Extrem“positionen 21
bb) Leistungsverwaltung von besonderer Qualität 24
3. Ständige Aufgabe 37
4. Begrenzte Zulässigkeit von Ausnahmen 37
D. Zusammenfassung 38

## *A. Einleitung*

Lehrerinnen und Lehrer an öffentlichen Schulen[1] sind in Deutschland traditionell und auch heute noch ganz überwiegend Beamte und zwar Beamte der Länder.[2] Allerdings

* Prof. Dr. Wolfram Cremer, Lehrstuhl für Öffentliches Recht und Europarecht an der Ruhr-Universität Bochum, Wissenschaftlicher Direktor des IfBB. Der Text geht auf ein für den VBE erstattetes Rechtsgutachten zurück.

1 Ausgeklammert bleibt hier die Frage einer Verbeamtung an Privatschulen.

2 Daneben gibt es eine kleine Zahl im Bundesdienst stehender Lehrer.

gibt es seit geraumer Zeit eine gewisse Tendenz, Lehrer – nicht nur wegen des Überschreitens der Altersgrenze oder aus sonstigen Gründen des Einzelfalls – nur mehr im Angestelltenverhältnis zu beschäftigen. Dies gilt insbesondere für die neuen Bundesländer.[3] In allerjüngster Zeit zeichnet sich freilich eine Trendwende ab, wird es für die nichtverbeamtenden Bundesländer doch zunehmend schwieriger, Lehrer für sich zu gewinnen.[4]

Die Motive für eine Nichtverbeamtung von Lehrern sind mannigfaltig. Angeführt werden Kostengesichtspunkte, eine motivationsfördernde Wirkung des Angestelltenverhältnisses sowie seine größere Flexibilität,[5] eine Professionalisierung des Lehrerberufs sowie eine verbesserte Möglichkeit, die Zahl inkompetenter Lehrer zu reduzieren. Teils wird auch schlicht behauptet, der Beamtenstatus sei ein nicht mehr zeitgemäßes Privileg resp. ein „alter Zopf, der aus dem Obrigkeitsstaat kommt" und abgeschafft gehöre.[6]

Ob und inwieweit diese Argumente überzeugen und ggf. welches Gewicht ihnen in der politischen Diskussion beizumessen ist, wird hier nicht untersucht. Vielmehr wird der demgegenüber vorrangigen Frage nachgegangen, ob eine (regelmäßige) Nichtverbeamtung von Lehrerinnen und Lehrern an öffentlichen Schulen rechtlich und zwar verfassungsrechtlich überhaupt zulässig ist (im Rahmen dieser Diskussion sind die genannten und weitere gegen eine Verbeamtung von Lehrern vorgebrachte Argumente selbstverständlich im Hinblick auf ihre *verfassungsrechtliche* Relevanz zu befragen und ggf. zu gewichten). Die fachliche resp. politische Diskussion erübrigt sich nämlich oder muss jedenfalls unter Berücksichtigung der Notwendigkeit einer Verfassungsänderung geführt werden, wenn sich die regelmäßige Nichtverbeamtung als verfassungswidrig herausstellte.

3 So werden Lehrerinnen und Lehrer in Sachsen und Mecklenburg-Vorpommern generell nicht verbeamtet. In Berlin werden nur Schulleiterinnen und Schulleiter sowie ihre ständigen Vertreterinnen und Vertreter gem. § 97 Abs. 1 S. 1 Nr. 2 Beamtengesetz Berlin (zunächst zwei Jahre auf Probe) verbeamtet. Vgl. ferner *C. Gusy*, Gleiche Lehrerbesoldung als Verfassungsauftrag, 2011, S. 13.

4 Vgl. für Thüringen: http://bildungsklick.de/pm/84543/matschie-verbeamtung-von-lehrern-sorgt-fuer-attraktive-einstellungsbedingungen/; für Berlin: http://www.berliner-zeitung.de/berlin/keine-verbeamtung-viele-lehrer-wollen-berlin-verlassen,10809148,11261182.html.

5 *W. Krull*, Eckpunkte eines zukunftsfähigen deutschen Wissenschaftssystems – Zwölf Empfehlungen, 2005, S. 9. Eine jedenfalls signifikant größere Flexibilität des Angestelltenverhältnisses gegenüber dem Beamtenstatus dagegen verneinend *M. Böhm*, Lehrerstatus heute: Rahmenbedingungen und Reformperspektiven, DÖV 2006, S. 665 (668).

6 Vgl. dazu die Nachweise bei *C. von Coelln/T. Horst*, Grundgesetzliche Grenzen politischer Opportunitätserwägungen: Die verfassungsrechtlichen Vorgaben für den dienstrechtlichen Status der Lehrer, ZBR 2009, S. 109 (109) sowie Vereinigung der Bayrischen Wirtschaft e.V. (Hrsg.), Bildung neu denken!, Band 1, Das Zukunftsprojekt, 2003, S. 331. Vgl. demgegenüber etwa *J. Masing*, in: Dreier (Hrsg.), GG-Kommentar, Band II, 2. Aufl. 2006, Art. 33, Rn. 59, der in einem Umfeld zunehmender Ökonomisierung aller gesellschaftlichen Bereiche in Art. 33 Abs. 4 und 5 GG durchaus einen gewinnbringenden Zusatz an Differenzierung identifiziert. Pointierte Kritik an der oft pauschalen und wenig gehaltvoll daherkommenden Beamtenschelte *J. Isensee*, ZBR 1998, S. 295 f.

Jenseits der politischen und der verfassungsrechtlichen Diskussion um den Beamtenstatus der Lehrer wird diese in jüngerer Zeit durch eine weitere rechtliche Dimension „bereichert". Eine neuere Stoßrichtung der Kritik *gegen* einen verfassungsrechtlich verbürgten Beamtenstatus von Lehrern wurzelt im europäischen Recht – und zwar im europäischen Recht zweierlei Provenienz. Erstens wird eine Verfassungsgarantie unter Hinweis auf das Recht der Europäischen Union und namentlich Art. 45 AEUV[7] (ex-Art. 39 EG[8]) und die dazu ergangene Rechtsprechung des EuGH[9] in Zweifel gezogen. Vor allem aber werden Zweifel unter Rekurs auf die an Art. 11 EMRK[10] anknüpfende jüngere Rechtsprechung des EGMR angemeldet.[11] Im Zentrum stehen insoweit zwei Entscheidungen, die beide gegenüber der Türkei ergangen sind. In einer Entscheidung vom 12.11.2008[12] erklärt der EGMR das grundsätzliche Verbot für Beamte – soweit sie nicht Angehörige der Streitkräfte, der Polizei oder der Staatsverwaltung im Sinne von Art. 11 Abs. 2 S. 2 EMRK sind –, Gewerkschaften zu bilden und kollektiv zu verhandeln, für konventionswidrig. Entsprechend hat er in einer Entscheidung vom 21.4.2009[13] zu einem allgemeinen Streikverbot für Beamte in der Türkei judiziert.[14] Auf die beiden europäischen Aspekte der Verbeamtung von Lehrern kann hier freilich schon aus Gründen des Umfangs nicht weiter eingegangen werden. Vielmehr konzentriert sich der vorliegende Aufsatz auf die Analyse des Grundgesetzes und namentlich seines Art. 33 Abs. 4 (C.). Zuvor werden freilich in der gebotenen Kürze die Landesverfassungen im Hinblick auf eine verfassungsrechtliche Garantie des Beamtenstatus für Lehrer untersucht (B.).

## *B. Landesverfassungsrecht*

Der Untersuchung des Landesverfassungsrechts im Hinblick auf einen landesverfassungsrechtlich garantierten Beamtenstatus von Lehrern sei folgende rechtssystematische Bemerkung vorausgeschickt: Wenn ein Landesverfassungsrecht eine solche Garantie enthält, ist diese Zeit ihrer Existenz für das entsprechende Bundesland gleicher-

7 Vertrag über die Arbeitsweise der Europäischen Union.
8 Vertrag zur Gründung einer Europäischen Gemeinschaft.
9 Europäischer Gerichtshof.
10 Europäische Menschenrechtskonvention.
11 Europäischer Gerichtshof für Menschenrechte.
12 EGMR, 12.11.2008, Nr. 34503/ 97, Demir und Baykar/ Türkei, AuR 2009, S. 269 ff.
13 EGMR, 21.04.2009, Nr. 68959/ 01, Enerji Yapi-Yol Sen/ Türkei, AuR 2009, S. 274 f.
14 Vgl. zur daran anschließenden verwaltungsgerichtlichen Judikatur und Literatur: OVG Münster, NvWZ 2012, S. 890 ff.; OVG Lüneburg, AuR 2012, S. 329; VG Bremen, Urteil vom 03.07.2012, D K 20/11 – juris; VG Düsseldorf, ZBR 2011, S. 177 ff; VG Kassel, AuR 2011, S. 375 f.; VG Osnabrück, AuR 2011, S. 375; *H. Wissmann*, ZJS 2011, S. 395 ff.; *J. Polakiewicz/ A. Kessler*, NVwZ 2012, S. 841 ff.; *K. Lörcher*, AuR 2009, S. 229 ff.; *M. Niedobitek*, ZBR 2010, S. 361 ff.; *J. F. Lindner*, DöV 2011, S. 305 ff.; *K. Löber*, AuR 2011, S. 74 ff. (76 f.); *M. Schlachter*, RdA 2011, S. 341 ff.; *S. Werres*, DöV 2011, S. 873 ff.

maßen verbindlich wie eine grundgesetzliche Garantie. Dies ist der Fall, weil das Grundgesetz – de constitutione lata[15] wohl unstreitig – eine Verbeamtung von Lehrern jedenfalls nicht verbietet, so dass einer entsprechenden landesverfassungsrechtlichen Verbürgung höherrangiges Recht nicht entgegen stünde. Soweit die spätere Analyse des Grundgesetzes (C.) freilich ergibt, dass diesem eine entsprechende Garantie zu entnehmen ist, kommt es – vorbehaltlich einer Grundgesetzänderung – auf landesverfassungsrechtliche Regelungen nicht mehr an. Eine vom Grundgesetz abweichende Regelung in einer Landesverfassung wäre in diesem Fall rechtlich unbeachtlich – bei einem Gleichlauf mit dem Grundgesetz eine überflüssige, wenn auch unschädliche Doppelung, bei einem Widerspruch zum Grundgesetz wäre die landesverfassungsrechtliche Regelung nichtig.

In der Sache ist eine Erörterung der Regelung des Status von Lehrern in den Landesverfassungen insoweit lohnenswert, als sich in der Bayrischen Verfassung eine nach ihrem Wortlaut eindeutige und insbesondere gegenüber dem Grundgesetz eindeutigere Garantie des Beamtenstatus für Lehrerinnen und Lehrer findet. So heißt es in Art. 133 Abs. 2 Bayrische Verfassung: „Die Lehrer an öffentlichen Schulen haben grundsätzlich die Rechte und Pflichten der Staatsbeamten." Unabhängig davon, ob entstehungsgeschichtlich bei der Wahl des Begriff „Staatsbeamter" mehr der Staat – soll heißen der Staatsbeamte in Gegenüberstellung zum Kommunalbeamten – und weniger der Beamte – in Gegenüberstellung zum öffentlichen Angestellten – im Vordergrund stand, kann angesichts des Wortlauts letztlich kein Zweifel daran bestehen, dass die Lehrerinnen und Lehrer an den öffentlichen Schulen in Bayern im Regelfall zu verbeamten sind. Ausnahmen von diesem Grundsatz sind nur in atypischen Fällen zulässig, etwa wenn ein Lehrer nur übergangsweise beschäftigt wird.[16] Vor diesem Hintergrund ist auch die etwa von der bayrischen FDP-Chefin und Bundesjustizministerin Sabine Leutheusser-Schnarrenberger erhobene Forderung, bayrische Lehrerinnen und Lehrer zukünftig nicht mehr zu verbeamten,[17] einzuordnen. Die Durchsetzung dieser Forderung setzt – unter Ausklammerung der Regelung des Grundgesetzes – eine Änderung der bayrischen Verfassung voraus.[18]

In den anderen Landesverfassungen finden sich keine der bayrischen Verfassung vergleichbare Regelungen. Aus den Regelungen in den Verfassungen von Baden-Württemberg (Art. 17 Abs. 2), Nordrhein-Westfalen (Art. 8 Abs. 3 S. 3) und Rheinland-Pfalz (Art. 27 Abs. 3 S. 2), wonach die Schul*aufsicht* durch fachmännisch[19] bzw.

15 In seiner derzeit geltenden Fassung.

16 Dazu m.w.N. *R. Stettner*, in: Nawiasky/Leusser/Schweiger/Zacher, Die Verfassung des Freistaates Bayern, Kommentar, Loseblatt, Art. 133, Rn. 74.

17 So auf dem FDP-Parteitag am 26./27.11.2011 in Landshut.

18 Vgl. zur Änderung der bayrischen Verfassung Art. 75 Bay Verfassung.

19 So Art. 17 Abs. 2 LV B-W.

fachlich[20] vorgebildete, hauptamtlich tätige Beamte ausgeübt wird,[21] lässt sich für den Beamtenstatus von Lehrerinnen und Lehrern letztlich keine verbindliche Aussage ableiten.[22]

## *C. Grundgesetz: Art. 33 Abs. 4*

Die zentrale Norm im Hinblick auf eine grundgesetzliche Garantie des Beamtenstatus von Lehrern ist Art. 33 Abs. 4 GG. Die Norm lautet: „Die Ausübung hoheitsrechtlicher Befugnisse ist als ständige Aufgabe in der Regel Angehörigen des öffentlichen Dienstes zu übertragen, die in einem öffentlich-rechtlichen Dienst- und Treueverhältnis stehen." Jenseits allen Streits im Detail trifft Art. 33 Abs. 4 GG eine Grundsatzentscheidung für die Wahrnehmung *bestimmter* öffentlicher Aufgaben durch Beamte. Verbreitet ist auch die Rede davon, dass bestimmte Funktionen Beamten vorzubehalten sind und daran anknüpfend wird von Art. 33 Abs. 4 GG als „Funktionsvorbehalt" gesprochen.[23] Vorliegend ist die Frage, ob Lehrerinnen und Lehrer diesem Funktionsvorbehalt unterfallen.

20 So Art. 8 Abs. 3 S. 3 LV NRW; Art. 27 Abs. 3 S. 2 LV R-P

21 In der Hessischen Verfassung (Art. 56 Abs. 1 S. 3) heißt es: „Die Schulaufsicht wird hauptamtlich durch Fachkräfte ausgeübt."

22 In Art. 125 LV R-P und Art. 113 LV Saarland finden sich Art. 33 Abs. 4 GG ähnliche Bestimmungen.

23 Vgl. nur *Masing* (Fn. 6) Art. 33, Rn. 58.

## I. Entwicklung der Diskussion über ein in Art. 33 Abs. 4 GG fundiertes Verfassungsgebot zur Verbeamtung von Lehrerinnen und Lehrern

### 1. Langjähriger Konsens eines Verbeamtungsgebots von Lehrerinnen und Lehrern

Ungeachtet der von Anfang an in mehrfacher Hinsicht durchaus heftig umstrittenen Auslegung von Art. 33 Abs. 4 GG war lange Zeit nahezu unumstritten, dass Lehrer aufgrund dieser Norm (im Regelfall) zwingend zu verbeamten sind.[24]

So war und ist bis heute unumstritten, dass mit den in der Norm genannten „Angehörigen des öffentlichen Dienstes, die in einem öffentlich-rechtlichen Dienst- und Treueverhältnis stehen", der tradierte Beamte bezeichnet wird – *der* Beamte, der auch in Art. 33 Abs. 5 GG mit der Bezugnahme auf die hergebrachten Grundsätze des Berufsbeamtentums angesprochen ist.[25] Vor allem aber war lange Zeit konsentiert, dass Lehrer hoheitsrechtliche Befugnisse im Sinne von Art. 33 Abs. 4 GG ausüben und Lehrerinnen und Lehrer folglich „in der Regel"[26] zu verbeamten sind.[27]

### 2. Ende des Konsenses

Seit einigen Jahren wird dieser Konsens indes vermehrt in Frage gestellt[28] und im September 2007 hat nicht zuletzt das Bundesverfassungsgericht in einem obiter dictum[29] und mit sehr knapper Begründung festgestellt, dass Art. 33 Abs. 4 GG es nicht

24 Siehe nur *H. Heckel*, Die Rechtsstellung des bergbaulichen Schulwesens in Nordrhein-Westfalen, DÖV 1961, S. 46 (49); *F. Ruland*, Verfassungsrecht und Beamtenrecht, ZRP 1983, S. 278 (282 f.); *W. Leisner*, Müssen Lehrer Beamte sein?, ZBR 1980, 361 (362 ff.). Anders frühzeitig *J. Isensee*, Beamtenstreik. Zur rechtlichen Zulässigkeit des Dienstkampfes, 1971, S. 94, der diese Auffassung auf einen Funktionsvorbehalt stützt, der lediglich obrigkeitsstaatliche Eingriffe umfasse (ebenda, S. 84 ff.), diese Position aber schon in der 1980er Jahren aufgibt und fortan auf die Substanz der Staatsfunktion abstellt, siehe nur *J. Isensee*, in: Benda/Maihofer/Vogel (Hrsg.), Handbuch des Verfassungsrechts der Bundesrepublik Deutschland, 1. Aufl. 1983, S. 1149/1173 f. sowie sodann 2. Aufl. 1994, § 32, Rn. 57. Für einen prinzipiellen Zwang zur Verbeamtung von Lehrerinnen und Lehrern sprechen sich auch in jüngerer Zeit etwa aus: *P. Badura*, in: Maunz/Dürig (Hrsg.), GG-Kommentar, Band III (Loseblatt, Stand: 62. Lieferung, Mai 2011), Art. 33 Rn. 57; *H. Avenarius*, in: Avenarius/Füssel, Schulrecht, 8. Aufl. 2010, Tz. 28.21; *von Coelln/Horst* (Fn. 6), S. 109 ff.; *U. Battis/H. D. Schlenga,* Die Verbeamtung der Lehrer, ZBR 1995, S. 253 (insbesondere 256 ff.).

25 Näher dazu sogleich C. II. 1. mit Nachweisen in Fn. 31.

26 Näher dazu unten C. II. 4. Vorweggenommen sei aber bereits, dass dem Merkmal für die Verbeamtung von Lehrerinnen und Lehrern keine spezifische Bedeutung beizumessen ist.

27 Dem Tatbestandsmerkmal „als ständige Aufgabe" kommt für Lebenszeitlehrer an öffentlichen Schulen keine begrenzende Bedeutung zu, näher dazu unten C. II. 3.

28 *Böhm* (Fn. 5), S. 666 f.; *Masing* (Fn. 6), Art. 33, Rn. 66 f.; *B. Pieroth*, in: Jarass/Pieroth, GG-Kommentar, 11. Aufl. 2011, Art. 33, Rn. 41.

29 Von einem Gericht geäußerte Rechtsansicht, welche die Entscheidung nicht trägt und damit nicht der Urteilsbegründung dient.

verbietet, Lehrerinnen und Lehrer im Angestelltenverhältnis einzustellen.[30] Dies gibt besonderen Anlass, die Verfassungsnorm des Art. 33 Abs. 4 GG – unter stetem Rückbezug auf Lehrerinnen und Lehrer an öffentlichen Schulen – einer genaueren Analyse zu unterziehen.

## II. Auslegung von Art. 33 Abs. 4 GG und Konsequenzen für die Verbeamtung von Lehrerinnen und Lehrern

### 1. In einem öffentlich-rechtlichen Dienst- und Treueverhältnis stehende Angehörige des öffentlichen Dienstes: Beamtenstatus

Art. 33 Abs. 4 GG bezeichnet – wie bereits angedeutet –[31] mit der Wendung vom „öffentlich-rechtlichen Dienst- und Treueverhältnis" entsprechend den Vorstellungen im Parlamentarischen Rat[32] und nach ganz h.M.[33] den Beamtenstatus und gewährleistet in Folge dessen einen Mindesteinsatzbereich von Berufsbeamten,[34] der nach Maßgabe

30 BVerfGE 119, 247 (266).

31 Soeben C. I. 1.

32 Vgl. Deutscher Bundestag/Bundesarchiv (Hrsg.), Der Parlamentarische Rat 1948-1949, Band 3, Ausschuß für Zuständigkeitsabgrenzung, S. 496 ff. Die dort wiedergegebene Debatte dokumentiert verschiedene Kontroversen im Hinblick auf die in der 12. Sitzung des Zuständigkeitsausschusses am 14.10.1948 (verschiedentlich und insbesondere beim nachfolgenden Nachweis aus JöR NF 1 wird insoweit fälschlich das Datum 14.12.1948 genannt) erstmals vorgeschlagene Einfügung einer funktional ausgerichteten Verfassungsgarantie des Berufsbeamtentums, verdeutlicht aber, dass es von Anfang nur um eine verfassungsrechtliche Gewährleistung („Ob" und vor allem „Wie") des tradierten Berufsbeamtentums (und um nichts anderes) ging. Vgl. dazu auch *K.-B. von Doemming /R. W. Füßlein/W. Matz*, Entstehungsgeschichte der Artikel des Grundgesetzes. Im Auftrage der Abwicklungsstelle des Parlamentarischen Rates und des Bundesministers des Innern auf Grund der Verhandlungen des Parlamentarischen Rates bearbeitet, JöR NF 1 (1951), S. 314.

33 *Battis/Schlenge* (Fn. 22), S. 254; *Pieroth* (Fn. 26), Art. 33, Rn. 40; *Masing* (Fn. 6), Art. 33, Rn. 63; *von Coelln/Horst* (Fn. 6), S. 111.

34 Eine verfassungsrechtliche Grenze der Verbeamtung ergibt sich aus der Norm dagegen nicht. Ob sich eine solche (in gewissem Umfang) aus anderen Verfassungsnormen, insbesondere Art. 33 Abs. 5 GG (i.V.m. Art. 33 Abs. 4 GG), ergibt und mithin die Zweispurigkeit des Öffentlichen Dienstes ein Verfassungsgebot ist, kann hier dahinstehen. Die Thematik ist nicht nur ohne Bezug zu der hier behandelten Frage, sondern auch praktisch auf absehbare Zeit ohne Bedeutung. Soweit ersichtlich ist keine relevante gesellschaftliche oder politische Kraft identifizierbar, welche dafür plädiert, *sämtliche* Angehörige des Öffentlichen Dienstes zu verbeamten.

von Art. 33 Abs. 5 GG auszugestalten ist.[35] Gewährleistet ist damit zugleich das Berufsbeamtentum als Institution.[36]

### 2. Hoheitsrechtliche Befugnisse

Wodurch ist aber nun der genannte Mindesteinsatzbereich gekennzeichnet oder besser: Was ist „Ausübung hoheitsrechtlicher Befugnisse" im Sinne von Art. 33 Abs. 4 GG? Vor allem an diesem Tatbestandsmerkmal entzündet sich der Streit um die Reichweite von Art. 33 Abs. 4 GG im Allgemeinen und der Verbeamtung von Lehrerinnen und Lehrern im Besonderen.

#### a) Vorbemerkungen

Der Diskussion um den gegenständlichen Anwendungsbereich des Art. 33 Abs. 4 GG unter dem Stichwort „Ausübung hoheitsrechtlicher Befugnisse" seien zwei grundsätzliche Bemerkungen vorangestellt. Erstens erfasst die Norm von vorneherein nur exe-

35 Näher dazu jüngst *H. Günther*, Das öffentliche Dienst- und Treueverhältnis i.S.v. Art. 33 Abs. 4 GG, DÖV 2012, S. 678 ff.

36 Auf die nach ganz h.M. (dazu mit zahlreichen Nachweisen *Masing* (Fn. 6), Art. 33, Fn. 319; a.A. *J. Isensee* , in: Benda/Maihofer/Vogel (Hrsg.), Handbuch des Verfassungsrechts der Bundesrepublik Deutschland, 2. Aufl. 1994, § 32, Rn. 52) im Einklang mit dem Parlamentarischen Rat (vgl. zum entsprechenden Willen im Parlamentarischen Rat besonders pointiert der Abg. *Reif* in der 13. Sitzung des Ausschusses für Zuständigkeitsabgrenzung, in: Deutscher Bundestag/Bundesarchiv (Hrsg.), Der Parlamentarische Rat 1948-1949, Band 3, S. 547) verneinte Frage, ob aus der verbindlichen Norm des Art. 33 Abs. 4 GG subjektive Rechte des Einzelnen ableitbar sind, wird hier nicht näher eingegangen. Nur soviel: Auch soweit man der h.M. folgt, mag der Einzelne, etwa der einzelne Lehrer, ggf. in Anknüpfung an das einfache (Beamten-) oder (Schul)recht ein subjektives Recht auf Verbeamtung geltend machen können. Im Übrigen wäre zu prüfen, ob das einfache Recht – unterstellt Art. 33 Abs. 4 GG garantiert die Verbeamtung von Lehrerinnen und Lehrern –, soweit es eine Verbeamtung von Lehrern nicht vorsieht, einer gerichtlichen Überprüfung zugeführt werden kann. Insoweit kommt (wohl nur) eine abstrakte Normenkontrolle nach Art. 93 Abs. 1 Nr. 2 GG (auch gegen ein Unterlassen) in Betracht. Dabei ist das für die Bejahung der Antragsbefugnis erforderliche objektive Interesse an der Klarstellung unabhängig von einem Interesse des Antragstellers zu beurteilen. Demgemäß kann insbesondere ¼ des Bundestages wie auch eine fremde Landesregierung Landesrecht, welches im vorgeblichen Widerspruch zu Art. 33 Abs. 4 GG Lehrerinnen und Lehrer nicht verbeamtet, dem BVerfG zur Prüfung im Wege der abstrakten Normenkontrolle zuführen. Soweit in der Literatur des Weiteren ausgeführt wird oder zumindest angedeutet ist, dass man auch einen ungleichmäßigen Umgang mit Verbeamtung bzw. Nichtverbeamtung als Einzelner unter Berufung auf das Grundgesetz nicht angreifen könne, ist dem zwar (auf Grundlage der h.M.) im Hinblick auf Art. 33 Abs. 4 GG zuzustimmen; indes ist insoweit an eine Verletzung von Art. 3 Abs. 1 GG und ggf. Art. 33 Abs. 2 GG zu denken. Ungeachtet aller prozessualen Fragen ist es aber auf Dauer verfassungspolitisch nicht hinnehmbar, einen objektiv verfassungswidrigen Zustand staatlicherseits (unter Hinweis auf fehlende Klagemöglichkeiten des Einzelnen) und gar auf Dauer zu tolerieren.

kutive Befugnisse[37] und zweitens stellt die Norm mit ihrem Funktionsvorbehalt nicht auf Verwaltungsbereiche im Ganzen, sondern auf die jeweilige Tätigkeit des Einzelnen oder – wie es verbreitet heißt – auf den „einzelnen Dienstposten" ab.[38]

### b) Gewissheiten

#### aa) Wirtschaftliche Betätigung der Öffentlichen Hand: Keine Ausübung hoheitsrechtlicher Befugnisse

Zunächst wird ganz überwiegend und zutreffend angenommen, dass die wirtschaftliche Betätigung des Staates und der Gemeinden nicht dem Funktionsvorbehalt des Art. 33 Abs. 4 GG unterfällt. Obwohl nach mittlerweile ganz h.M. grundrechtsgebunden, sind weder Geschäfte zur Bedarfsdeckung noch erwerbswirtschaftliche Betätigungen der Öffentlichen Hand als „Ausübung hoheitsrechtlicher Befugnisse" im Sinne von Art. 33 Abs. 4 GG zu qualifizieren. Dieses Normverständnis wird nicht nur durch den Wortlaut der Norm nahegelegt, sondern findet auch in der Entstehungsgeschichte eine nachhaltige Stütze. So wurde die letztendliche Formulierung „Ausübung hoheitsrechtlicher Befugnisse" in bewusster und gezielter Abkehr vom ursprünglichen Vorschlag des Abgeordneten Strauß in der 12. Sitzung des Zuständigkeitsausschusses („Die staatlichen und gemeindlichen Daueraufgaben") vorgeschlagen und akzeptiert, weil man das „Betreiben von Wirtschaftsbetrieben", welche nach damaliger Vorstellung teils auf Dauer vom Staat bzw. den Gemeinden betrieben werden würden (und sollten), aus dem Funktionsvorbehalt ausklammern wollte.[39]

#### bb) Tätigkeiten ohne eigene Sachentscheidungsgewalt: Keine Ausübung hoheitsrechtlicher Befugnisse

Des Weiteren stehen „Tätigkeiten ohne eigene Sachentscheidungsgewalt" – zur Umschreibung dieser Kategorie finden sich in der Literatur verschiedenste Formulierungen –[40] außerhalb des Anwendungsbereichs von Art. 33 Abs. 4 GG. Die von dieser

37 Vgl. nur *Masing* (Fn. 6), Art. 33, Rn. 64.

38 *H. Lecheler*, Der öffentliche Dienst, in: Isensee/Kirchhof (Hrsg.), Handbuch des Staatsrechts, Band III, 1988, § 72, Rn. 26; *Battis/Schlenga* (Fn. 22), S. 255; *J. Isensee*, Beamtenstreik. Zur rechtlichen Zulässigkeit des Dienstkampfes, 1971, S. 95. Die Position findet heute (wohl) keinen Widerspruch mehr.

39 Vgl. nur 13. Sitzung des Zuständigkeitsausschusses, JöR NF 1, S. 317, sowie zum ursprünglichen Vorschlag von Strauß 12. Sitzung des Zuständigkeitsausschusses, in: Deutscher Bundestag/Bundesarchiv (Hrsg.), Der Parlamentarische Rat 1948-1949, Band 3, S. 496 ff. (insbesondere 501).

40 Etwa *Masing* (Fn. 6), Art. 33, Rn. 64: „nicht entscheidungsprägende Hilfstätigkeiten"; weitere Nachweise bei *von Coelln/Horst* (Fn. 6), S. 111 mit Fn. 49.

Kategorie umfassten Tätigkeiten lassen sich nicht abschließend beschreiben; genannt seien etwa Schreibkräfte, Pförtner, Hausmeister und Gärtner.[41]

### cc) Eingriffsverwaltung als Ausübung hoheitsrechtlicher Befugnisse

Umgekehrt besteht Einigkeit, dass die mit Befehl und Zwang verbundene bzw. durchsetzbare (klassische) Eingriffsverwaltung als „Ausübung hoheitsrechtlicher Befugnisse" zu qualifizieren ist.[42]

### dd) Zwischenfazit

Resümiert man die geschilderten Gewissheiten, lässt sich für die Frage eines verfassungsrechtlich garantierten Beamtenstatus von Lehrerinnen und Lehrern einerseits festhalten, dass der Lehrerberuf jedenfalls nicht von vorneherein außerhalb des Funktionsvorbehalts des Art. 33 Abs. 4 GG steht, ist er doch weder durch eine untergeordnete Tätigkeit ohne eigene Sachentscheidungsgewalt gekennzeichnet, noch dient oder steht er im Zusammenhang mit einer wirtschaftlichen Betätigung des Staates.

Andererseits ist der Lehrerberuf nicht durchgängig eingriffsverwaltender Natur – das gilt insbesondere für den Unterricht im engeren Sinne, d.h. unter Ausklammerung der Notengebung –, sondern durch verschiedenste Tätigkeiten, Befugnisse und Verantwortlichkeiten geprägt, die, ohne sie bereits an dieser Stelle im Einzelnen zu nennen und einzuordnen, eine Mischung aus eingriffsverwaltenden und nichteingriffsverwaltenden Elementen (sog. gemischte Funktion) ergeben. Wie diese Vielfalt letztendlich im Hinblick auf eine Subsumtion unter den Begriff „hoheitsrechtliche Befugnisse" zu beurteilen ist, gehört nicht zu den allgemein konsentierten Gewissheiten im Umgang mit Art. 33 Abs. 4 GG und soll an dieser Stelle demgemäß noch offen bleiben. Es sei freilich vorweggenommen, dass der diesbezüglichen Beurteilung gemischter Funktionen in unserem Zusammenhang herausragende Bedeutung zukommt.

41 Vgl. nur *J. Isensee*, Beamtenstreik. Zur rechtlichen Zulässigkeit des Dienstkampfes, 1971, S. 95.

42 Vgl. nur BVerfG, Urteil vom 18.01.2012 – 2 BvR 133/10 –, Rn. 140 mit zahlreichen Nachweisen. Nur am Rande sei angemerkt, dass in Literatur und Rechtsprechung keine abschließende Gewissheit darüber besteht, welches Verwaltungshandeln als Eingriffsverwaltung zu qualifizieren ist bzw. was einen Grundrechtseingriff kennzeichnet, näher dazu *W. Cremer*, Freiheitsgrundrechte, 2003, S. 136 ff.

### c) Verbleibende Meinungsvielfalt

Jenseits der vorstehend geschilderten Gewissheiten Konsenses findet sich in der Literatur ein breites Meinungsspektrum zur Reichweite des Funktionsvorbehalts, wobei sich m.E.[43] drei Grundpositionen ausmachen lassen, die teils freilich eine Vielzahl von Ausdifferenzierungen erfahren.[44]

#### aa) „Extrem"positionen

Lange Zeit wurde die Diskussion um die Reichweite des Funktionsvorbehalts in Art. 33 Abs. 4 GG maßgeblich durch zwei „Extrem"positionen bestimmt.

##### aaa) Reduktion auf die Eingriffsverwaltung

Die engste Interpretation des Funktionsvorbehalts will nur die Eingriffsverwaltung vom Tatbestandsmerkmal „Ausübung hoheitsrechtlicher Befugnisse" umfasst sehen.[45] Dabei assoziieren die Anhänger dieser (vor allem in den 1960er und 1970er Jahren vertretenen) Position, ohne dass dies stets explizit wird, mit Eingriffsverwaltung wohl den sog. „klassischen" unmittelbaren, finalen und mit Befehl und Zwang durchsetzbaren Eingriff.

Soweit ersichtlich haben sich die Vertreter dieser Auffassung nicht explizit zur Verbeamtung von Lehrerinnen und Lehrern an öffentlichen Schulen geäußert. Es liegt aber in der Konsequenz dieses engen, auf eine restriktive Auslegung des Art. 33 Abs. 4 GG pochenden Ansatzes, eine Anwendung des Funktionsvorbehalts auf den Lehrerberuf zu verneinen.

##### bbb) (Weitgehende) Einbeziehung der Leistungsverwaltung

Am anderen Ende des Meinungsspektrums stehen Auffassungen, welche die Leistungsverwaltung (nahezu) durchweg oder jedenfalls soweit sie in den Formen des öffentlichen Rechts erfolgt, als „Ausübung hoheitsrechtlicher Befugnisse" qualifizieren.

(1) Verwaltung in Verfolgung öffentlicher Zwecke als „Ausübung hoheitsrechtlicher Befugnisse"

Am weitesten greift die Auffassung, welche neben der Eingriffsverwaltung die gesamte Leistungsverwaltung resp. jede Erfüllung von Verwaltungsaufgaben unabhän-

43 Teils im Einklang mit, teils in Abweichung von anderen Einteilungen in der Literatur.

44 Das gilt namentlich für die hier zuletzt behandelte „mittlere" Position.

45 *J. Jung*, Die Zweispurigkeit des öffentlichen Dienstes, 1970, S. 132 ff., resümierend S. 192; *W. Thieme*, Der Aufgabenbereich der Angestellten im öffentlichen Dienst, 1962, S. 25 f.; *H.-J. Wolff/ O. Bachof*, Verwaltungsrecht, Band 1, 9. Aufl., 1974, S. 111; *H. Hill*, Das hoheitliche Moment im Verwaltungsrecht der Gegenwart, DVBl. 1989, S. 321 (323).

gig von ihrer Rechtsform, soweit es nicht um „einfache Hilfstätigkeiten“ geht, in Art. 33 Abs. 4 GG einbeziehen möchte. Ausreichend sei die Verfolgung eines öffentlichen Zwecks.[46] Dass Lehrerinnen und Lehrer an öffentlichen Schulen nach diesem Maßstab (in der Regel) zu verbeamten sind, bedarf keiner weiteren Erläuterung.

(2) Handeln in den Formen des öffentlichen Rechts

Andere wollen die Einbeziehung der Leistungsverwaltung „lediglich“ davon abhängig machen, dass diese in den Rechtsformen des öffentlichen Rechts erfolgt. Danach müsste jedwedes schlicht-hoheitliche Handeln grundsätzlich durch Beamte erfolgen, lediglich die verwaltungsprivatrechtliche Aufgabenwahrnehmung wäre exkludiert.[47] Auch nach dieser Auffassung bestünden keine Zweifel daran, dass Lehrerinnen und Lehrer an öffentlichen Schulen (in der Regel) zu verbeamten sind.

ccc) Stellungnahme zu den „Extrem“positionen und Zwischenergebnis

Die geschilderten Extrempositionen finden heute indes sämtlich kaum mehr Zuspruch. Dabei wird der weiten Auslegung (in ihren beiden Varianten) gleichermaßen der Wortlaut[48] des Art. 33 Abs. 4 GG wie auch dessen Entstehungsgeschichte[49] und seine (vorgeblich) im Wege systematischer Auslegung gewonnene Teleologie[50] entgegengehalten. Dem Wortlaut und namentlich dem Adjektivattribut „hoheitsrechtlich“ ist – einerlei, ob man nach einem Verständnis im Sinne eines allgemeinen Sprachgebrauchs oder nach einem (verfassungs)rechtsspezifischen Verständnis fragt – entgegen anders lautenden Behauptungen[51] indes nicht mehr zu entnehmen, als dass neben der wirtschaftlichen Betätigung des Staates Leistungsverwaltung in dem Umfang ausscheidet, in dem sie nicht einmal in den Formen des öffentlichen Rechts stattfindet.[52] Dass auch Leistungsverwaltung in den Formen des öffentlichen Rechts keine Ausübung hoheitsrechtlicher Befugnisse ist, ist dagegen begrifflich alles andere als evident. Noch weniger überzeugte es, den Wortlaut gar für eine Interpretation im Sinne der engen, auf die Eingriffsverwaltung reduzierten Position zu vereinnahmen. Gegen *beide* die Leistungsverwaltung weitgehend einbeziehenden Positionen spricht indes in der Tat die Entstehungsgeschichte. Dieser ist, ohne an dieser Stelle bereits in die Details zu gehen,

46 *H. Lecheler*, Der öffentliche Dienst, in: Isensee/Kirchhof (Hrsg.), Handbuch des Staatsrechts, Band III, 1988, § 72 Rn. 37; *P. Kirchhof*, Der Begriff der hoheitsrechtlichen Befugnisse in Art. 33 Abs. 4 des Grundgesetzes, 1968, S. 127; *W. Leisner*, Legitimation des Berufsbeamtentums aus der Aufgabenerfüllung, 1988, S. 52 ff.

47 So etwa *W. Rudolf*, Der öffentliche Dienst im Staat der Gegenwart, VVDStRL Band 37 (1979), S. 175 (200 ff.); *P. Lerche*, Verbeamtung als Verfassungsauftrag?, 1973, passim.

48 *Böhm* (Fn. 5), S. 666.

49 *Masing* (Fn. 6), Art. 33, Rn. 65; *Böhm* (Fn. 5), S. 666.

50 *M. Benndorf*, Zur Bestimmung der „hoheitsrechtlichen Befugnisse“ gemäß Art. 33 Abs. 4 GG, DVBl. 1981, S. 23 (26 f.); *Masing* (Fn. 6), Art. 33, Rn. 65, erkennt jedenfalls keine teleologischen Gründe, welche eine extensive Auslegung rechtfertigen könnten.

51 Vgl. nochmals *Böhm* (Fn. 6), S. 666

52 So wohl auch *Benndorf* (Fn. 47), S. 26.

zu entnehmen, dass es dem Gesetzgeber von Verfassungs wegen freistehen sollte, den Kreis der zu verbeamtenden Personen gegenüber dem damaligen Zustand zu verkleinern. Diesem Anliegen wurde nach Vorstellung des Parlamentarischen Rates – insoweit bestand in Hauptausschuss, Grundsatzausschuss, Allgemeinem Redaktionsausschuss und Ausschuss für Zuständigkeitsabgrenzung prinzipielle Einigkeit – auch dadurch Rechnung getragen, dass an Stelle der Formulierung „Ausübung öffentlicher Gewalt“ gezielt die Formulierung „Ausübung hoheitsrechtlicher Befugnisse“ gewählt wurde.[53] Daraus kann abgeleitet werden, dass Leistungsverwaltung, auch wenn sie in den Formen des öffentlichen Rechts erfolgt, jedenfalls nicht *stets* dem Funktionsvorbehalt unterfällt.[54] Andererseits kann der Entstehungsgeschichte nicht entnommen werden, dass der Funktionsvorbehalt auf eingriffsverwaltende Tätigkeiten beschränkt sein soll; soweit dies dennoch vereinzelt behauptet wird,[55] fehlt es schlicht an tauglichen Nachweisen. Im Übrigen wird später näher illustriert, dass auch die Diskussion im Parlamentarischen Rat, welche ganz konkret die Einbeziehung der Lehrerinnen und Lehrer in den Funktionsvorbehalt zum Gegenstand hatten, jedenfalls nicht für eine Beschränkung desselben auf die Eingriffsverwaltung angeführt werden kann. Schließlich führt auch ein verbreitet gegen die weiten Auslegungen (und vereinzelt für die engste Auslegung) angeführtes, teils als systematisch, teils als teleologisch etikettiertes Argument[56] nicht weiter. Das Argument lautet – soweit es systematisch überhaupt angebunden wird –: Angesichts des engen Zusammenhangs zu Art. 33 Abs. 5 GG, der die Ausgestaltung des Berufsbeamtentums auf die Berücksichtigung besonderer Grundsätze verpflichtet,[57] müsse quasi spiegelbildlich auch der Aufgabe im Sinne des Art. 33 Abs. 4 GG eine besondere Qualität zukommen.[58] Dem soll hier nicht entgegengetreten werden. Es sei nur betont, dass das Argument nicht für eine Beschränkung des Funktionsvorbehalts auf die Eingriffsverwaltung streitet, sondern für eine Einbeziehung und gleichzeitig eine Beschränkung auf eine Leistungsverwaltung besonderer Qualität. Darauf wird ausführlich zurück zu kommen sein.

53 Vgl. insbesondere die Anmerkung des Allgemeinen Redaktionsausschusses zu Art. 27b der in 2. Lesung des Hauptausschusses beschlossenen Fassung, in: Deutscher Bundestag/Bundesarchiv (Hrsg.), Der Parlamentarische Rat 1948-1949, Band 7, Entwürfe zum Grundgesetz, S. 225 sowie JöR NF, Band 1, S. 323.

54 Vgl. zu weiteren Argumenten *von Coelln/Horst* (Fn. 6), S. 113.

55 So etwa *U. Fink*, Verfassungsrechtliche Vorgaben für das Dienstrecht der Hochschullehrer, DÖV 1999, S. 980 (981 m.w.N. in Fn. 13), der diesen Gesichtspunkt aber letztlich nicht für durchschlagend erachtet. Siehe auch *von Coelln/Horst* (Fn. 6), S. 112, die insoweit zwar zunächst „auf den ersten Blick“ formulieren, dem ersten Blick sodann aber nichts mehr entgegensetzen.

56 Vgl. *Benndorf* (Fn. 47), S. 26, der das Argument zumindest in seinem Kern zweimal anführt, einmal als systematisches (das von Verfassungs wegen durch spezielle Grundsätze geprägte Berufsbeamtentum verlangt besondere Aufgabenqualität) und einmal als teleologisches (besonderer Typus verlangt besondere Aufgabenbereiche) Argument.

57 Vgl. dazu, dass die Änderung von Art. 33 Abs. 5 GG im Jahr 2006 zu keiner oder jedenfalls keiner nennenswerten Inhaltsänderung geführt hat, nur *J. Masing*, in: H. Dreier (Hrsg.), GG-Kommentar, Band II Supplementum 2007, 2. Aufl. 2007, Art. 33, Rn. 72a.

58 Vgl. nur *Benndorf* (Fn. 53), S. 26; *Kirchhof* (Fn. 43), S. 55.

Als Zwischenergebnis lässt sich mithin festhalten, dass die geschilderten Extrempositionen, welche Leistungsverwaltung entweder stets außerhalb oder – jenseits eines Bagatellvorbehalts – stets (bzw. soweit diese in öffentlich-rechtlicher Form erbracht wird) innerhalb des Anwendungsbereichs von Art. 33 Abs. 4 GG ansiedeln, zu kurz greifen. Überzeugender erscheint es demgegenüber mit der heute h.M. eine besondere Qualität der Leistungs- bzw. der Nichteingriffsverwaltung zu verlangen, um die entsprechende Tätigkeit unter den Funktionsvorbehalt subsumieren zu können. Freilich wird in der Literatur ein bunter Strauß von Kriterien vorgeschlagen, nach denen diese besondere Qualität zu bestimmen ist. Dem wird im Folgenden nachgegangen. Des Weiteren wird die nicht leicht interpretierbare Position des Bundesverfassungsgerichts aus dem zitierten Beschluss vom September 2007 näher analysiert; ein bislang – soweit ersichtlich – noch ausstehendes Unterfangen. Im Anschluss an eine – das sei an dieser Stelle vorweggenommen – durchaus im Einklang mit der Grundposition des Bundesverfassungsgerichts stehende Stellungnahme wird dann die Situation der Lehrerinnen und Lehrer an öffentlichen Schulen in den Blick genommen. Die diesbezüglichen Ausführungen – auch das sei vorweggenommen – erschöpfen sich freilich nicht in bloßer Subsumtion der Lehrerinnen und Lehrer unter die entwickelten Kriterien zur Bestimmung des Funktionsvorbehalts. Dies beruht zum einen auf der kategorial (Eingriffs- oder Leistungsverwaltung?) schwierigen Einordnung des vielschichtigen Lehrerberufs und zum anderen auf entstehungsgeschichtlichen Spezifika im Hinblick auf die Subsumtion der Lehrerinnen und Lehrer unter Art. 33 Abs. 4 GG.

#### bb) Leistungsverwaltung von besonderer Qualität

Für die These, wonach die Einschlägigkeit des Funktionsvorbehalts von der besonderen (inhaltlichen) Qualität der Aufgabe abhängen soll, wird zwar schon seit Langem gefochten;[59] im Laufe der letzten Jahre und Jahrzehnte hat sie aber nicht nur eine beständig zunehmende Anhängerschaft gefunden, sondern auch eine beständige Ausdifferenzierung in Gestalt von die besondere Qualität konkretisierenden Subkriterien erfahren.[60] Diesen Konkretisierungen, welche angesichts der Vagheit des Kriteriums „besondere Qualität" prinzipiell zu begrüßen sind, wird im Folgenden nachgegangen.

59 Etwa *Benndorf* (Fn. 47), S. 26 f.; *F. Ruland*, Verfassungsrecht und Beamtenrecht, ZRP 1983, S. 278 (282 f.); *W. Leisner*, Legitimation des Berufsbeamtentums aus der Aufgabenerfüllung, 1988, abgedruckt in: ders., Beamtentum, 1995, S. 163 (166); im Ausgangspunkt auch *von Coelln/Horst* (Fn. 6), S. 113.

60 Freilich verstehen sich die Vertreter dieser Subpositionen nicht durchweg als solche oder machen dies jedenfalls nicht explizit.

aaa) Funktionsadäquanz/Spezifische Staatstätigkeit

Eine Variante geht dahin, den Funktionsvorbehalt dann zu aktivieren, wenn die spezifischen Merkmale des Beamtenverhältnisses in besonderem Maße funktionsadäquat sind.[61] Das Kriterium der Funktionsadäquanz ist freilich ähnlich vage wie das der besonderen Qualität und demgemäß kaum tauglich zur Bestimmung des Funktionsvorbehalts. Dies zeigt sich nicht zuletzt daran, dass die Vertreter dieser Position die Reichweite des Funktionsvorbehalts im konkreten Fall sehr unterschiedlich beurteilen.[62] Auch die Modifikation der Funktionsadäquanz hin zu einem Abstellen auf „spezifische Staatstätigkeit“[63] ist ähnlichen Einwänden ausgesetzt, fehlt es doch an einer gesicherten Staatsaufgabenlehre des Grundgesetzes und wird die Existenz einer solchen doch sogar vielfach negiert.

bbb) Materieller Schwerpunkt der Staatstätigkeit nach Maßgabe einer an der Verfassungswirklichkeit orientierten dynamischen Auslegung

Der insbesondere von Theodor Maunz[64] entwickelte Interpretationsansatz eines Abstellens auf den materiellen Schwerpunkt der Staatstätigkeit ist dem auf die Funktionsadäquanz abstellenden Interpretationsvorschlag m.E. recht nahe – und teilt auch die Schwäche seiner Unbestimmtheit.[65] Dies gilt zumindest, soweit man den materiellen Schwerpunkt weniger quantitativ als qualitativ versteht. Des Weiteren vermag auch die vorgeschlagene Orientierung einer Auslegung nach Maßgabe einer sich verändernden Verfassungswirklichkeit[66] nicht zu überzeugen bzw. sie führt nicht weiter. Eine Auslegung, nach der das (veränderte) Sein das Sollen bestimmt, ist nach ganz h.M. nur in besonders gelagerten Ausnahmefällen methodisch akzeptabel; [67] diese sind aber für den Kontext des Art. 33 Abs. 4 GG nicht einmal belastbar dargelegt. Vielmehr wird die Veränderung der Verfassungswirklichkeit im Hinblick auf die durch den Staat wahrgenommenen Aufgaben nicht einmal einheitlich beschrieben resp. gewürdigt.[68]

61 *P. Kunig*, in: von Münch/Kunig, GG-Kommentar, Band 2, 5. Aufl. 2001, Art. 33 Rn. 49 m.w.N.; ähnlich *U. Battis*, in: M. Sachs (Hrsg.), GG-Kommentar, 6. Aufl. 2011, Art. 33 Rn. 57.

62 Vgl. dazu *von Coelln/Horst* (Fn. 6), S. 113 f.

63 So letztlich *von Coelln/Horst* (Fn. 6), S. 114.

64 Vgl. seine vormalige (im Juni 2010 durch die Kommentierung von *P. Badura* ersetzte) Kommentierung in T. Maunz/G. Dürig (Hrsg.), GG-Kommentar, Art. 33, Rn. 33.

65 Vgl. dazu soeben C. II. 2. c) bb) aaa).

66 Siehe Fn. 61.

67 Etwas gänzlich anderes ist es, wenn das Bundesverfassungsgericht im Zusammenhang mit der Verfassungsgarantie des Berufsbeamtentums, namentlich im Kontext von Art. 33 Abs. 5 GG, unter Anknüpfung an den Wortlaut der Norm selbst eine gewisse Entwicklungsoffenheit gegenüber Veränderungen der Regelungen über das Berufsbeamtentum konstatiert, vgl. BVerfGE 119, 247 (262 f.).

68 Siehe dazu etwa *Fink* (Fn. 52), S. 981; *Böhm* (Fn. 5), S. 666.

ccc) Substanz der Staatsaufgabe

Der Vorwurf der Vagheit trifft schließlich auch den Vorschlag eines Abstellens auf die Substanz der Staatsaufgabe.[69]

ddd) Grundrechtsrelevante Leistungsverwaltung – zugleich zum Bundesverfassungsgericht

(1) Zum Funktionsvorbehalt im Allgemeinen

Eine im Vordringen befindliche Auffassung schlägt nunmehr zur Bestimmung des Funktionsvorbehalts in Art. 33 Abs. 4 GG eine grundrechtsorientierte Interpretation vor, nach der neben der Eingriffsverwaltung auch die (ausreichend) grundrechtsrelevante Leistungsverwaltung dem Funktionsvorbehalt unterfällt.[70] Vor einer Würdigung dieses Vorschlags wird hier noch gezeigt, dass eine nähere Analyse des bereits erwähnten Beschlusses des Bundesverfassungsgerichts vom September 2007 zeigt, dass auch das Bundesverfassungsgericht (am ehesten) dieser Auffassung zuneigt.

Das Bundesverfassungsgericht hat sich in seinem Beschluss zur verfassungsrechtlichen Zulässigkeit antragsloser Teilzeitverbeamtung nach Maßgabe von Art. 33 Abs. 5 GG[71] auch zur Auslegung von Art. 33 Abs. 4 GG sowie, was an dieser Stelle aber noch zurückgestellt werden soll, in einem obiter dictum zur verfassungsrechtlichen Zulässigkeit der Nichtverbeamtung von Lehrern geäußert. Zunächst hat es in eben diesem Beschluss festgestellt: „Zum Gewährleistungsbereich des Art. 33 Abs. 4 GG gehören jene Aufgaben, deren Wahrnehmung die besonderen Verlässlichkeits-, Stetigkeits- und Rechtsstaatlichkeitsgarantien des Beamtentums erfordert“.[72] Diese Formulierung legt nahe, dass das Gericht dem Grundgedanken einer an der Qualität der Aufgabe orientierten Auslegung nahe tritt, welcher – wie bereits ausgeführt – zwar seiner Kernidee nach überzeugen kann, aber ob seiner Vagheit keine verlässliche und überzeugende Beurteilungsgrundlage bietet. Welche Aufgaben sind es nämlich, so müsste die an das Bundesverfassungsgericht zu richtende Frage lauten, deren Wahr-

69 Mit diesem Vorschlag *J. Isensee*, in: Benda/Maihofer/Vogel (Hrsg.), Handbuch des Verfassungsrechts der Bundesrepublik Deutschland, 2. Aufl. 1994, § 32, Rn. 57.

70 *Masing* (Fn. 5), Art. 33, Rn. 66; *Pieroth* (Fn. 26), Art. 33, Rn. 41 und schon *F. Ruland*, Verfassungsrecht und Beamtenrecht, ZRP 1983, S. 278 (282 f.). Vgl. auch *P. Badura*, in: Maunz/Dürig, GG-Kommentar, Band IV, Loseblatt, Stand: 62. Lieferung, Mai 2011, Art. 33 Rn. 56, der Entscheidungen einbezogen haben möchte, die für die grundrechtliche Gewährleistung der Freiheit, die sozialstaatliche Teilhabe oder den rechtsstaatlichen Vollzug der Gesetze wesentlich sind. Grundsätzlich symphatisierend auch von *Coelln/Horst* (Fn. 6), S. 113. Teils wird ergänzend zur Grundrechtsrelevanz auf funktionale Gesichtspunkte abgestellt; insbesondere darauf, ob für eine Tätigkeit eine relative Unabhängigkeit oder eine spezielle Pflichtenstellung typischerweise wesentlich ist, so *Masing*, ebenda. Vgl. auch schon *Benndorf* (Fn. 47), S. 26 f., der darauf abstellen will, ob „über für den Bürger entscheidende Leistungen obrigkeitlich entschieden wird“, wozu er etwa Entscheidungen über die Sozialhilfe- und Rentengewährung zählt.

71 BVerfGE 119, 247 ff.

72 BVerfGE 119, 247 (261). Vgl. jüngst auch BVerfG, Urteil vom 18.01.2012 – 2 BvR 133/10 –, Rn. 136.

nehmung die besondere Verlässlichkeit, Stetigkeit und Rechtstaatlichkeit eines Beamten erfordern. Analysiert man daran anknüpfend, um zu einer Präzisierung des bundesverfassungsgerichtlichen Maßstabs zu gelangen, die an dieser Stelle vom Bundesverfassungsgericht in Bezug genommene Literatur[73] ergibt sich Folgendes: Die an erster Stelle in Bezug genommenen Ausführungen Walter Leisners[74] tragen insoweit kaum zur Präzisierung bei, wenn dieser die Legitimation des Beamtenstatus weniger aus der Aufgabe, sondern vielmehr „aus der Art ihrer Erfüllung" gewinnen will bzw. es auf die „Qualität gerade der beamtlichen Aufgabenerfüllung" ankommen soll. Wenig weiterführend im Sinne einer Präzisierung erscheint prima facie[75] auch der Verweis auf Peter Badura,[76] wo sich nicht mehr findet als die Aussage, der Funktionsvorbehalt gelte „für die wesentlichen Entscheidungen und Regelungen der öffentlichen Verwaltung". Der des Weiteren in Bezug genommene *Josef Isensee*, dessen Formulierung das Bundesverfassungsgericht in dem oben wiedergegebenen Zitat im Wortlaut übernommen hat, fügt dem explikativ hinzu, „Aufgaben, die (...) ohne größere Gefahren für das Gemeinwohl den Arbeitnehmerstatus vertragen, dürften auch den Übergang auf den Markt aushalten".[77] In der daran anschließenden Analyse der Wirklichkeit konstatiert er sodann eine weitgehende Ignoranz gegenüber dem (auch die Leistungsverwaltung in substanziellem Umfang umfassenden) Verbeamtungsgebot nach Art. 33 Abs. 4 GG.[78] Bei den schließlich in Bezug genommenen Monika Jachmann/Thomas Strauß heißt es dann an der vom Bundesverfassungsgericht zitierten Stelle:[79] „Der Wirkungskreis des Beamten und damit die Reichweite des Funktionsvorbehalts bestimmt sich vordringlich nach der Grundrechtsrelevanz staatlichen Handelns für den Bürger."

Nach allem ist nicht nur überdeutlich geworden, dass das Bundesverfassungsgericht nicht etwa in dem Sinne interpretierbar ist, dass der Funktionsvorbehalt des Art. 33 Abs. 4 GG allein die Eingriffsverwaltung erfasst, sondern dass es vielmehr auf die Bedeutung der Aufgabe und die Schwierigkeit ihrer Erfüllung ankommt und der Funktionsvorbehalt in diesem Sinne, wie der Verweis auf Badura zeigt, wichtige und wesentliche Verwaltungstätigkeit erfasst. Schon vor diesem Hintergrund liegt es nahe, an die Rechtsprechung des Bundesverfassungsgerichts zur Wesentlichkeitslehre anzu-

73 In Bezug genommen werden *W. Leisner*; *P. Badura*; *J. Isensee* sowie *M. Jachmann*/*T. Strauß*.

74 *W. Leisner*, Legitimation des Berufsbeamtentums aus der Aufgabenerfüllung, 1988, abgedruckt in: ders., Beamtentum, 1995, S. 163 (166).

75 Siehe aber sogleich zur Würdigung seiner Ausführungen im Zusammenhang mit der Wesentlichkeitsrechtsprechung des Bundesverfassungsgerichts sowie den vom Bundesverfassungsgericht ebenfalls zitierten Ausführungen von *Jachmann/Strauß*.

76 Genauer *P. Badura*, Die hoheitlichen Aufgaben des Staates und die Verantwortung des Berufsbeamtentums, ZBR 1996, S. 321 (324).

77 *J. Isensee*, Affekt gegen Institutionen – Überlebt das Berufsbeamtentum?, ZBR 1998, S. 295 (304).

78 *Isensee*, ebenda.

79 *M. Jachmann*/*T. Strauß*, Berufsbeamtentum, Funktionsvorbehalt und der „Kaperbrief für den Landeinsatz", ZBR 1999, S. 289 (296).

knüpfen,[80] und dies dahingehend zu konkretisieren, dass wesentlich vor allem auch wesentlich für die Grundrechtsausübung meint. Die These einer Orientierung der Auslegung des Funktionsvorbehalts an der Grundrechtsrelevanz staatlicher Aufgabenwahrnehmung seitens des Bundesverfassungsgerichts findet in dem Verweis auf Jachmann/Strauß dann seine eindrückliche Bestätigung. Schließlich mag man zur Stützung dieser Interpretation des Bundesverfassungsgerichts noch den wenig später im Beschluss erfolgenden Verweis auf *Masing* anführen, der freilich in Rn. 66 und nicht in der in vom Bundesverfassungsgericht (hinsichtlich der Verbeamtung von Lehrern) in Bezug genommenen Rn. 67 seiner Kommentierung auf die Grundrechtsrelevanz als maßgebliches Kriterium zur inhaltlichen Ausfüllung des Funktionsvorbehalts abstellt.

Unabhängig von der Position des Bundesverfassungsgerichts bleibt noch die Frage, ob die Ausfüllung des Funktionsvorbehalts durch Eingriffsverwaltung plus (hinreichend) grundrechtsrelevante Leistungsverwaltung zu überzeugen vermag. Der heute weitgehend bestehende Konsens, wonach der Funktionsvorbehalt neben der Eingriffsverwaltung auch Teile der Leistungsverwaltung umfasst, soweit sie eine gewisse, nach welchen Maßstäben auch immer zu konkretisierende Qualität bzw. Wichtigkeit aufweisen, steht mit dem Wortlaut von Art. 33 Abs. 4 GG ohne Weiteres im Einklang, lässt sich Leistungsverwaltung in den Formen des öffentlichen Rechts doch zwanglos als hoheitsrechtlich etikettieren.[81] Des Weiteren stützt die Entstehungsgeschichte diese Interpretation, wurde doch in den verschiedenen Ausschüssen des Parlamentarischen Rats im Kontext der Diskussion um Art. 33 Abs. 4 GG bzw. seiner Vorläuferfassungen immer wieder betont, dass wichtige resp. anspruchsvolle Verwaltungsaufgaben von Beamten ausgeübt werden sollen. Schließlich spricht auch das bereits angeführte teleologische Argument, wonach der besondere, entsprechend Art. 33 Abs. 5 GG „geschützte" Beamtenstatus eine besondere Qualität bzw. Wichtigkeit der Aufgabe nahelegt, für eine solche Interpretation des Art. 33 Abs. 4 GG.

Qualität bzw. Wichtigkeit sodann im Sinne von Grundrechtswichtigkeit oder – wie es zumeist heißt – Grundrechtswesentlichkeit zu konkretisieren, folgt sodann im Wege systematisch-teleologischer Auslegung aus dem Befund, dass gerade das Grundgesetz den Einzelnen und den Schutz seiner Grundrechte in den Mittelpunkt der Verfassungsordnung stellt. Der Staat muss sein Handeln nach der Konzeption des Grundgesetzes stets auch im Lichte der Grundrechte des Einzelnen legitimieren können. Folgerichtig ist die Rechtsprechung des Bundesverfassungsgerichts auch jenseits der Grundrechtsjudikatur im engeren Sinne durch eine dementsprechende Ausrichtung geprägt – erwähnt sei hier nur nochmals[82] der vor allem mittels der Grundrechtswesentlichkeit zu bestimmende Umfang des Parlamentsvorbehalts sowie die von der

80 Namentlich im Kontext des Parlamentsvorbehalts, aber auch im Kontext der Bestimmtheitstrias des Art. 80 Abs. 1 S. 2 GG.

81 Vgl. insoweit auch *J. Jung*, Die Zweispurigkeit des öffentlichen Dienstes, 1970, S. 132-135.

82 Vgl. schon Fn. 77.

Grundrechtswesentlichkeit abhängenden Anforderungen an die Bestimmtheit einer Verordnungsermächtigung im Sinne von Art. 80 Abs. 1 S. 2 GG –[83]; und auch wenn Art. 33 Abs. 4 GG nach h.M. kein subjektives Recht verbürgt, verfolgt die dort verankerte Garantie doch auch und gerade das Ziel, die Rechte und insbesondere die Grundrechte des Einzelnen durch eben verlässliche und qualifizierte Beamte zu schützen. Dem entspricht es, wenn das Bundesverfassungsgericht zum Gewährleistungsbereich des Art. 33 Abs. 4 GG jene Aufgaben zählt, deren Wahrnehmung die besonderen Verlässlichkeits-, Stetigkeits- und Rechtsstaatlichkeitsgarantien des Beamtentums erfordert,[84] und es dann weiter heißt, dass das Berufsbeamtentum von den Müttern und Vätern des Grundgesetzes „als ein Instrument zur Sicherung von Rechtsstaat und Gesetzmäßigkeit der Verwaltung“ verstanden wurde. Genau dafür sei ein nach innen und außen unabhängiger Beamtenapparat unerlässlich.[85] Und man mag hinzufügen, dass der enge Zusammenhang zwischen Rechtstaatlichkeit und Grundrechtsschutz in der Verfassungsrechtswissenschaft und darüber hinaus schon seit Langem nicht mehr erklärungsbedürftig ist.

Nach allem[86] unterfällt neben der Eingriffsverwaltung auch die grundrechtswesentliche Leistungsverwaltung dem Funktionsvorbehalt des Art. 33 Abs. 4 GG.

(2) Zum Funktionsvorbehalt im Besonderen: Lehrerinnen und Lehrer an öffentlichen Schulen

Bleibt die Frage, was aus einem derartigen, maßgeblich an der Grundrechtswesentlichkeit zu orientierenden Funktionsvorbehalt im Sinne von Art. 33 Abs. 4 GG für die Verbeamtung von Lehrerinnen und Lehrern folgt.

83 Ausführlich dazu *W. Cremer*, Art. 80 Abs. 1 S. 2 GG und Parlamentsvorbehalt – Dogmatische Unstimmigkeiten in der Rechtsprechung des Bundesverfassungsgerichts, AöR 122 (1997), S. 248 ff.

84 Vgl. nochmals BVerfGE 119, 247 (261).

85 BVerfGE 119, 247 (261 f.).

86 Wenn *Monika Böhm* einer weiten Auslegung von Art. 33 Abs. 4 GG und mindestens implizit der Einbeziehung von Lehrerinnen und Lehrern in die Norm zudem entgegenhält, die „Praxis, auf vielen Posten sowohl Beamte als auch Angestellte zu beschäftigen, macht auf jeden Fall deutlich, dass der Begriff der hoheitlichen Tätigkeit erhebliche Spielräume zulässt“ (*Böhm*, Fn. 5, S. 666) bleibt völlig offen, wie dieses Argument für die Verfassungsauslegung fruchtbar zu machen ist. Verständlich wäre ihre Argumentation allenfalls, wenn sie auf den vorangehenden Absatz in ihrem Aufsatz Bezug nähme; dann wäre aber gerade nicht verständlich, wieso sich an der Stelle ein Absatz findet. In jedem Fall bleibt ihre These vom „erheblichen Spielraum“ (unter bloßem Bezug auf die Praxis) ohne substanzhaltige Begründung; es reicht jedenfalls nicht, der Gegenauffassung in (verschlüsselter Form) entgegen zu halten, sie verkenne die Verfassungswirklichkeit.

(a) Bundesverfassungsgericht im Anschluss an Masing

Wie bereits angedeutet, hat das Bundesverfassungsgericht in dem Beschluss vom September 2007 in einem obiter dictum[87] zudem ausgeführt, eine Anstellung von Lehrern im Angestelltenverhältnis sei mit den Vorgaben des Art. 33 Abs. 4 GG vereinbar, „weil Lehrer in der Regel nicht schwerpunktmäßig hoheitlich geprägte Aufgaben wahrnehmen, die der besonderen Absicherung durch den Beamtenstatus bedürften".[88] Statt einer Begründung dieser Behauptung – denn um mehr handelt es sich nicht – wird auf die Kommentierung von Johannes Masing in dem von Horst Dreier herausgegebenen Grundgesetzkommentar[89] sowie die dortigen weiteren Nachweise verwiesen. Führt man sich vor Augen, dass trotz gewisser „Auflösungstendenzen" – auch das Bundesverfassungsgericht hebt an dieser Stelle „die seit Jahren in großem Umfang praktizierte (...) Einstellung [von Lehrern] im Angestelltenverhältnis" hervor und weckt damit die Assoziation eines Arguments – nach wie vor die Mehrzahl der Lehrerinnen und Lehrer an öffentlichen Schulen in Deutschland verbeamtet wird und die zunächst allgemeine Auffassung und wohl auch heute noch h.M. in der Verfassungsrechtswissenschaft[90] dies auch für verfassungsrechtlich zwingend hielt und hält, muss die Knappheit der „Argumentation" doch sehr überraschen. Man hätte gerne gewusst, wieso Lehrer in der Regel nicht schwerpunktmäßig hoheitlich geprägte Aufgaben wahrnehmen. Es wird weder erläutert, was „hoheitlich", noch was „schwerpunktmäßig" und „in der Regel" bedeuten – und dieses Defizit wird in dem jüngst ergangenen Urteil des Bundesverfassungsgerichts vom Januar 2012 durch bloßen Verweis auf den Beschluss vom September 2007 fortgeschrieben.[91]

Schaut man nun aber in die (maßgeblich) in Bezug genommene Kommentierung von Masing, stellt man fest, dass dieser zunächst einmal entstehungsgeschichtlich anknüpft, indem er die Diskussion im Parlamentarischen Rat über die Fürsorgerinnen heranzieht und ausführt, dass im Parlamentarischen Rat für diese Gruppe, die sowohl

87 Nochmals: Ein obiter dictum ist eine von einem Gericht geäußerte Rechtsansicht, welche die Entscheidung nicht trägt und damit nicht der Urteilsbegründung dient. Vorliegend kam es auf ein Verfassungsgebot der Lehrerverbeamtung nach den Ausführungen des Gerichts deshalb nicht mehr an, weil die in Rede stehende Rechtfertigung eines Einbruchs in Art. 33 Abs. 5 GG unter Rekurs auf das Sozialstaatsprinzip vorher schon endgültig unter Hinweis darauf abgelehnt worden war, dass es insoweit an einer mit Art. 33 Abs. 5 GG vergleichbaren verfassungsrechtlichen Position fehle, BVerfGE 119, 247 (266 f.). Die nachfolgenden Ausführungen des Gerichts zur Möglichkeit einer Teilzeitbeschäftigung von Lehrern im Angestelltenverhältnis zeigen lediglich Regelungsmöglichkeiten zur Herstellung einer nicht verfassungsrechtlich gebotenen, sondern an sachlich-politisch Maßstäben orientierten praktischen Konkordanz auf.

88 BVerfGE 119, 247 (267).

89 *Masing* (Fn. 6), Art. 33 Rn. 67.

90 So auch die Einschätzung von *H. Avenarius*, in: Avenarius/Füssel, Schulrecht, 8. Aufl. 2010, Tz. 28.21.

91 BVerfG, Urteil vom 18.01.2012 – 2 BvR 133/10 –, Rn. 146. Streng genommen wird die Gedankenführung aus dem Beschluss von 2007 sogar noch verwirrt und dadurch geschwächt, dass der Verweis im Urteil von 2012, ebenda, Rn. 143 ff., im Rahmen des Diskussion der Ausnahmemöglichkeit des Art. 33 Abs. 4 GG („in der Regel") erfolgt.

hoheitsrechtliche wie nichthoheitsrechtliche Funktionen ausübe (sog. Mischfunktionen oder gemischte Funktionen), angenommen wurde, dass insoweit kein Zwang zur Verbeamtung bestehe.[92] Masing sieht die Fürsorgerinnen sodann exemplarisch für die gemischten Funktionen, ordnet die Lehrer dieser Kategorie zu und zieht den Schluss, dass es auf der so skizzierten Linie des Parlamentarischen Rates liege, Lehrer nicht verbeamten zu müssen.

(b) Stellungnahme

Ohne dass dem entstehungsgeschichtlichen Ansatz als maßgeblichem Kriterium für die Interpretation der Reichweite des Funktionsvorbehalts gem. Art. 33 Abs. 4 GG entgegengetreten werden soll, kann der Argumentation Masings (und damit auch dem Bundesverfassungsgericht) letztlich nicht gefolgt werden.

(aa) Entstehungsgeschichte I: Funktionsvorbehalt und sog. gemischte Funktionen

Masing bezieht sich in seiner Würdigung der Entstehungsgeschichte wohl[93] vor allem auf die Diskussionen in der 12. Sitzung (14.10.1948) und in der 13. Sitzung des Ausschusses für Zuständigkeitsabgrenzung am 15.10.1948. Während aus der 12. Sitzung insoweit nichts abgeleitet werden kann, weil dort der schon im Tatsächlichen anders gelagerte Fall des Leiters eines u.a. für die Versorgung mit Säuglingsmilch zuständigen Landguts erörtert wurde (und das diesbezügliche Ergebnis im Übrigen, was auch Masing konstatiert,[94] offen bleibt), lässt sich die Diskussion in der 13. Sitzung[95] in der Tat in dem von Masing gewürdigten Sinne deuten, allerdings (mit Blick und im Vorgriff auf die sogleich zu würdigenden Lehrerinnen und Lehrer) unter Hervorhebung des Aspekts, dass ein Verbeamtungszwang dann nicht besteht, wenn die hoheitsrechtlichen Befugnisse im Rahmen einer gemischten Funktion nur eine *untergeordnete* Rolle spielen. Dass Personen, die nur teilweise hoheitliche Aufgaben wahrnehmen oder besser mit der „Ausübung hoheitsrechtlicher Befugnisse" betraut sind, nach Vorstellung des Parlamentarischen Rates *stets* – etwa auch bei (deutlichem) Überwiegen des hoheitlichen Anteils an der Gesamttätigkeit – außerhalb des Funktionsvorbehalts stehen sollten, lässt sich der Diskussion nicht entnehmen – und wird von Masing selbst letztlich auch nicht behauptet.[96] Auf dieser generellen Linie – wenn auch mit hier freilich nicht weiter interessierenden abweichenden Konsequenzen für die Berufsgruppe der Fürsorgerinnen – liegt schließlich auch die zeitlich nachfolgende Diskus-

92 Dogmatisch umsetzen will *Masing* (Fn. 6), Art. 33, Rn. 67, diesen entstehungsgeschichtlichen Befund über den Ausnahmevorbehalt („in der Regel") in Art. 33 Abs. 4 GG.

93 Er verweist an der maßgeblichen Stelle seiner Kommentierung (Rn. 67, Fn. 359) auf Rn. 13 und Fn. 65, wo eben diese Sitzungen, ausdrücklich die 12. Sitzung des Ausschusses für Zuständigkeitsabgrenzung, auszugsweise referiert werden.

94 *Masing* (Fn. 6), Art. 33, Rn. 13, Fn. 65.

95 Vgl. Deutscher Bundestag/Bundesarchiv (Hrsg.), Der Parlamentarische Rat 1948-1949, Band 3, Ausschuß für Zuständigkeitsabgrenzung, S. 547.

96 Vgl. neben Art. 33, Rn. 67 auch Art. 33, Rn. 70.

sion über die zwangsweise Verbeamtung von Fürsorgerinnen in der 28. Sitzung des Ausschusses für Grundsatzfragen vom 3.12.1948.[97] Analysiert man die diesbezüglichen Äußerungen der Abg. von Mangoldt, Reif, Heuss und Weber in ihrem Zusammenhang ergibt sich wohl, dass Fürsorgerinnen im Gegensatz zu anderen unbenannten Personengruppen („wer weiß wen")[98] unter den Funktionsvorbehalt fallen sollen, üben diese doch „in vielen Fällen Polizeigewalt" aus.

Was folgt aus der Entstehungsgeschichte also nun für sog. gemischte Funktionen? Anknüpfend an obige Ausführungen zieht sich durch sämtliche Diskussionen im Parlamentarischen Rat (namentlich im Ausschuss für Zuständigkeitsabgrenzung, im Grundsatzausschuss und im Hauptausschuss[99]), dass man eine Fassung des Art. 33 Abs. 4 GG anstrebte, welche gegenüber dem Stand in den Jahren 1948/49 eher zu einer Verkleinerung der Beamtenschaft führte resp. den Gesetzgebern in größerem Umfang als bis dahin ein Wahlrecht einräumte. Es wurde gezeigt, dass demgemäß wirtschaftliche Tätigkeiten von Staat und Kommunen sowie nicht hinreichend grundrechtsrelevante Leistungsverwaltung aus dem Funktionsvorbehalt auszuscheiden sind. Im Hinblick auf gemischte Funktionen legt die Entstehungsgeschichte dagegen nahe, dass die Zuordnung oder Nichtzuordnung zum Funktionsvorbehalt letztlich vom Anteil (Quantität) und Gewicht (Qualität) der hoheitsrechtlichen Befugnisse abhängt. Oder um nochmals den vom Bundesverfassungsgericht in Bezug genommenen Masing zu zitieren: „Entscheidend ist, wo das Schwergewicht hoheitlicher[100] Tätigkeit liegt".

#### (bb) Der Lehrerberuf als (unentwirrbares) Mixtum aus Eingriffsverwaltung und grundrechtswesentlicher Leistungsverwaltung

Das entscheidende Manko der Argumentation Masings (und des sich diesem anschließenden Bundesverfassungsgerichts) liegt sodann in der weitgehend begründungs-, ja erklärungslosen Übertragung dieser Grundsätze im Wege der Ausklammerung des Lehrerberufs aus dem Anwendungsbereich des Art. 33 Abs. 4 GG. So bleibt nicht nur ohne weitere Erläuterung, warum es sich beim Lehrerberuf überhaupt um eine gemischte Funktion handelt, sondern (konsequenterweise) auch, inwiefern der Anteil der hoheitlichen Befugnisse, um die Formulierung Masings aufzugreifen, „nur eine untergeordnete, nicht das Gesamtbild der betreffenden Tätigkeit prägende Rolle spielt"[101].

97 Deutscher Bundestag/Bundesarchiv (Hrsg.), Der Parlamentarische Rat 1948-1949, Band 5/II, Ausschuß für Grundsatzfragen, S. 798.
98 Vgl. die Äußerung der Abg. *Weber*, ebenda.
99 Vgl. insbesondere die Anmerkung des Allgemeinen Redaktionsausschusses zu Art. 27b der in 2. Lesung des Hauptausschusses beschlossenen Fassung, in: Deutscher Bundestag/Bundesarchiv (Hrsg.), Der Parlamentarische Rat 1948-1949, Band 7, Entwürfe zum Grundgesetz, S. 225 sowie JöR NF, Band 1, S. 323.
100 Gemeint ist der Verwaltungstätigkeit.
101 Vgl. nochmals *Masing* (Fn. 6), Art. 33, Rn. 70.

Wendet man sich diesen Fragen zu, gilt es erstens zu analysieren, welches eigentlich die Aufgaben eines Lehrers sind, zweitens, ob und ggf. inwiefern sie als „hoheitsrechtliche Befugnisse“ zu qualifizieren sind und ggf. drittens, welche Prägung im beschriebenen Sinne sich daraus für den Lehrerberuf ergibt.

Es wird kaum bestritten, dass Lehrerinnen und Lehrer, wenn sie prüfen, Noten geben, über Versetzungen entscheiden, Abschlusszeugnisse erteilen bzw. daran durch Notengebung mitwirken sowie Disziplinarmaßnahmen gegenüber Schülerinnen und Schülern erlassen, hoheitsrechtliche Befugnisse ausüben.[102] Allerdings wird namentlich von Monika Böhm vorgetragen, dass nicht bereits jede Note als Verwaltungsakt, sondern zumeist als unselbständige Teilregelung zu qualifizieren sei, die als Verwaltungsakte zu qualifizierenden Maßnahmen zudem regelmäßig nicht dem einzelnen Lehrer, sondern der Schulleitung zuzurechnen seien und Lehrerinnen und Lehrer vor diesem Hintergrund nur in sehr begrenztem Umfang hoheitliche Tätigkeiten ausübten und mithin nicht verbeamtet werden müssten.[103] Diese Argumentation verkennt indes zunächst, dass in Art. 33 Abs. 4 GG nicht vom Erlass von Verwaltungsakten, sondern von der Ausübung hoheitsrechtlicher Befugnisse die Rede ist und Böhm auch nicht näher begründet, warum hoheitsrechtlich mit (belastendem) Verwaltungsakt zu identifizieren ist. Der pauschale Hinweis Böhms darauf, dass Wortlaut und Entstehungsgeschichte einer weiten Auslegung von Art. 33 Abs. 4 GG entgegenstehen,[104] ist insoweit jedenfalls keineswegs zureichend. Zudem ist ihre Rede von der „Zurechnung des Verwaltungsakts“ nebulös und irreführend. Selbstverständlich werden die regelmäßig halbjährig erteilten Zeugnisse mit den Einzelnoten nicht im Namen der für die Einzelnote verantwortlichen Lehrer erteilt, sondern durch den Schulleiter (für die Schule) gezeichnet; dies ändert aber nichts an der Verantwortlichkeit des jeweiligen Fachlehrers für die jeweilige Einzelnote. Wenn die Rede von Zurechenbarkeit also überhaupt einen Sinn haben kann und soll, dann nur in dem Sinne, dass die Einzelnoten trotz Zeichnung des Zeugnisses durch den Schulleiter dem jeweiligen Fachlehrer zuzurechnen sind – demjenigen, der sie „gegeben“ und in der Sache zu verantworten hat.

Was folgt aber nun daraus, dass der Lehrerberuf maßgeblich durch Unterrichten (und dessen Vorbereitung) geprägt ist, handelt es sich doch insoweit jedenfalls nicht um klassische Eingriffsverwaltung? Ungeachtet der Tatsache, dass der vielbeschworene „klassische Eingriffsbegriff“ und mithin auch eine konturenscharf beschreibbare „klassische Eingriffsverwaltung“ historisch nicht nachweisbar sind,[105] steht das Unterrichten in einem untrennbaren Zusammenhang mit der Stellung von Klassenarbeiten, der Vergabe von Noten und letztlich (Abschluss)zeugnissen sowie Versetzungsentscheidungen und gar mit dem Erlass von Disziplinarmaßnahmen – dienen diese

102 Vgl. auch *Avenarius* (Fn. 22), Tz. 28.21; *Battis/Schlenga* (Fn. 22), S. 257.
103 So *Böhm* (Fn. 5), S. 666 f.
104 Vgl. nochmals *Böhm* (Fn. 5), S. 666.
105 Dazu *W. Roth*, Faktische Eingriffe in Freiheit und Eigentum, 1994, S. 10 ff.; *Cremer* (Fn. 39), S. 147 ff. m.w.N.

doch regelmäßig und typischerweise der Ermöglichung eines geordneten Unterrichts. Nun mag man, anknüpfend an die obigen Ausführungen zu gemischten Funktionen, noch die These formulieren, dass wegen des quantitativen Überwiegens von Unterricht als Merkmal des Lehrerberufs dieser dennoch insgesamt nicht unter das Merkmal „Ausübung hoheitlicher Befugnisse" zu subsumieren ist.

Eine solche These, die letztlich wohl auch der Position Masings und des Bundesverfassungsgerichts zu Grunde liegt und liegen muss, überzeugt freilich nicht. Insoweit kommt es nicht darauf an, ob die eingriffsverwaltenden Elemente im Lehrerberuf bei einer quantitativ oder qualitativ ausgerichteten Würdigung nachrangig sind, bringt man sich in Erinnerung, dass es dafür, ob eine Tätigkeit als „Ausübung hoheitsrechtlicher Befugnisse" zu qualifizieren ist, (auch und gerade nach Masing[106] und dem Bundesverfassungsgericht) darauf ankommt, ob diese wesentlich und insbesondere grundrechtswesentlich ist. Schaut man insoweit auf Versetzungsentscheidungen und Abschlusszeugnisse, aber auch die Vergabe von Noten als Teil eines Abschlusszeugnisses, wird man angesichts deren Bedeutung für die Lebenschancen des Einzelnen nur davon sprechen können, dass es sich jenseits der Frage „Eingriffs- oder Leistungsverwaltung", „Verwaltungsakt oder Nichtverwaltungsakt", um wesentliche und gar sehr wesentliche und eben auch grundrechtswesentliche Entscheidungen handelt. Wer insoweit noch aufklärungsbedürftig ist, dem sei die Lektüre der „numerus clausus-Entscheidung des Bundesverfassungsgerichts[107] empfohlen. Zudem sei die Judikatur des Bundesverfassungsgerichts zur Frage der Grundrechtswesentlichkeit von Schule und namentlich die Schulentlassungsentscheidung[108] in Erinnerung gerufen.

Nichts anderes ergibt sich indes auch, wenn man einmal – abweichend von obiger Würdigung – unterstellt, dass sich der Unterricht aus dem Gesamtaufgabenfeld eines Lehrers herauslösen, also isolieren ließe. Wenn es richtig ist, was allseits gepredigt wird, dass die Ausgestaltung von Bildung und gerade Schulbildung (und vorschulische Bildung) für die Gesellschaft als Wissensgesellschaft insgesamt, aber auch für den Einzelnen, *die* zentrale Zukunftsaufgabe ist, wird man kaum begründen können, dass gerade das Unterrichten des Lehrers als Grundlage der Wissensgesellschaft (grundrechts)unwesentlich ist. Auch insoweit mag man ergänzend auf die Judikatur des Bundesverfassungsgerichts zur Grundrechtswesentlichkeit von Unterrichtsinhalten verweisen.[109] Nur der Vollständigkeit halber sei noch darauf hingewiesen, dass die Schülerinnen und Schüler der Primär- und der Sekundarstufe I die Schule nicht freiwillig auf- und besuchen, sondern einer letztendlich gar zwangsweise durchsetzbaren Schulpflicht unterliegen.

106 Vgl. nochmals *Masing* (Fn. 6), Art. 33, Rn. 66.
107 BVerfGE 33, 303.
108 BVerfGE 58, 257.
109 Siehe nur BVerfGE 47, 46.

Nach allem ist die Tätigkeit von Lehrern und Lehrerinnen insgesamt grundrechtswesentlich und mithin nach Maßgabe der hier entwickelten und auch vom Bundesverfassungsgericht (und Johannes Masing) geteilten Auffassung zur Auslegung von Art. 33 Abs. 4 GG „Ausübung hoheitsrechtlicher Befugnisse" im Sinne dieser Norm. Wenn das Bundesverfassungsgericht demgegenüber – wie geschildert ohne nähere Erläuterung – zu einem anderen Ergebnis gelangt, nimmt es seine eigenen Prämissen nicht ernst. Eine nähere Analyse des Charakters der Tätigkeit von Lehrerinnen und Lehrern und eine daran anschließende Subsumtion unter die eigene Auslegung von „Ausübung hoheitsrechtlicher Befugnisse" hätte – wie hier gezeigt – zu dem entgegengesetzten Ergebnis führen müssen.

(cc) Entstehungsgeschichte II: Lehrerspezifisches zu Art. 33 Abs. 4 GG

Es bleibt freilich noch einem letzten Argumentationsstrang nachzugehen, welcher für die vom Bundesverfassungsgericht angenommene Exklusion von Lehrerinnen und Lehrern aus dem Anwendungsbereich des Art. 33 Abs. 4 GG streiten könnte.[110] Jenseits der geschilderten Entstehungsgeschichte im Hinblick auf ein „allgemeines" Verständnis der „Ausübung hoheitsrechtlicher Befugnisse" im Sinne von Art. 33 Abs. 4 GG wurde im Parlamentarischen Rat bzw. seinen Ausschüssen nämlich auch, wenn auch nur am Rande, die Frage einer Einbeziehung von Lehrerinnen und Lehren in den Funktionsvorbehalt erörtert. Würde man nun zu dem Ergebnis gelangen, dass Lehrerinnen und Lehrer nach dem Willen der Mütter und Väter des Grundgesetzes außerhalb von Art. 33 Abs. 4 GG stehen sollten, wäre dieser spezielle(re) entstehungsgeschichtliche Befund selbstverständlich gegenüber allgemeineren (in eine andere Richtung weisenden) Befunden vorrangig.[111]

Indes wird in der Literatur verschiedentlich sogar angenommen, dass im Parlamentarischen Rat „nicht nur stillschweigend, sondern ausdrücklich stets eine Verbeamtung von Lehrern und Lehrerinnen vorausgesetzt wurde".[112] Dies wird insbesondere daran festgemacht, dass der Abgeordnete von Mangoldt die im Grundsatzausschuß des Parlamentarischen Rates expressis verbis gestellte Frage, ob eine Verbeamtung von Lehrpersonen durch die gewählte Formulierung nicht ausgeschlossen werde, wie folgt beantwortet hat: „Bei den Schulen betonen wir immer wieder, daß sie Aufgaben des

110 Die von *Masing* (Fn. 6), Art. 33, Rn. 67, vorgenommene dogmatische Umsetzung seines entstehungsgeschichtlichen Befunds („Diese Lösung ist dogmatisch konsequent.") mittels des Tatbestandsmerkmals „in der Regel" erfolgt nicht im Sinne der Abstützung seiner These durch ein weiteres Argument, sondern erläutert, inwiefern der Wortlaut der Norm in der Lage ist, den entstehungsgeschichtlichen Befund angemessen zu verarbeiten. Dies ist keinesfalls als Kritik an *Masing* zu verstehen,sondern soll lediglich verdeutlichen, dass in dieser „dogmatischen Umsetzung" noch kein eigenständiges weiteres Argument liegt; vgl. zur Vielseitigkeit und kehrseitigen Unbestimmtheit des Begriffs „Dogmatik" nur *Cremer* (Fn. 39), S. 16 ff.

111 Insoweit gilt nichts anderes als im Verhältnis vom allgemeinen zum besonderen Gesetz, d.h.: Lex specialis derogat legi generali.

112 Zitat nach *Battis/Schlenga* (Fn. 22), S. 257.

Staates sind. Es besteht Schulpflicht. Die Lehrer haben die Durchführung der Schulpflicht natürlich auch nicht in der Hand. ... Die Frage ist nach unserem Recht kaum umstritten. Man hat die Lehrpersonen immer zu den Beamten gerechnet."[113]

Namentlich Masing hat dieser Würdigung der Entstehungsgeschichte indes nachdrücklich widersprochen. Nach Masing stützt die zitierte Äußerung von Mangoldts eher das gegenteilige Ergebnis. Von Mangoldt habe im Grundsatzausschuß des Parlamentarischen Rates nämlich lediglich bejahend auf die Frage geantwortet, ob nach der im Ausschuß diskutierten Fassung des Art. 33 Abs. 4 GG Lehrer weiterhin Beamten bleiben *können*. Damit sei aber keinerlei Aussage zur Frage des Gebotenseins einer Verbeamtung von Lehrern nach Art. 33 Abs. 4 GG getroffen. Vielmehr habe von Mangoldt gar diese Möglichkeitsfrage nur unter dem Vorbehalt bejaht, dass noch zu prüfen sei, ob die Bejahung für jeden Studienrat oder nur für die Schulleitung gelte. [114]

M.E. überinterpretieren beide vorgenannten Würdigungen die in Bezug genommene Diskussion im Grundsatzausschuß des Parlamentarischen Rates, namentlich die Äußerungen von Mangoldts. Weder trifft es zu, dass, wie Masing annimmt, von Mangoldt auf die Frage nach der Möglichkeit oder besser Zulässigkeit einer Verbeamtung von Lehrerinnen und Lehrern geantwortet hat – zumindest ist dies alles andere als eindeutig und liegt unter Berücksichtigung des Gesamtkontextes der Diskussion nicht einmal nahe. Vielmehr hat die Abgeordnete Weber in der in Bezug genommenen Diskussion gefragt, ob Lehrerinnen und Lehrer unter „Ausübung öffentlicher Gewalt" (im Sinne des Mangoldtschen Verständnisses) fallen. Unmittelbar an diese Frage anschließend schilderte der Abgeordnete Reif angesichts der Nichtanerkennung des Beamtentums in Berlin die Schwierigkeiten, Personal für die Freie Universität in Berlin zu gewinnen. Unmittelbar danach tätigte von Mangoldt die zitierte Äußerung. Da der Abgeordnete Reif keine Frage gestellt hatte, die Abgeordnete Weber aber danach gefragt hatte, ob Lehrerinnen und Lehrer unter den Funktionsvorbehalt in seiner damaligen Fassung („Ausübung öffentlicher Gewalt") zu subsumieren seien, liegt es nahe, dass von Mangoldt zumindest in erster Linie auf die Frage Webers antworten wollte. Vorstellbar ist aber ebenfalls, dass von Mangoldt zugleich die Schilderung Reifs kommentieren wollte. Andererseits kann seine Antwort entgegen der erstgenannten Würdigung nicht eindeutig im Sinne einer *Bejahung* der Frage Webers gedeutet werden; das gilt erst recht, weil, worauf Masing zu Recht hinweist, von Mangoldt in seinem anschließenden Redebeitrag die Notwendigkeit der näheren Prüfung der Frage einer Zwangsverbeamtung von Kreisschulräten, Schuldirektoren sowie Studienräten nach Maßgabe von Art. 33 Abs. 4 GG (in seiner damaligen Fassung) betonte.

113 Vgl. nochmals *Battis/Schlenga* (Fn. 22), S. 257 mit Verweis auf JöR 1 (1951), 320; sich anschließend *von Coelln/Horst* (Fn. 6), S. 112.

114 Zum Ganzen *Masing* (Fn. 6), Art. 33, Rn. 67 mit Fn. 362.

Nach allem geben die Diskussionen im Parlamentarischen Rat, und insbesondere in seinem Grundsatzausschuß, zur konkreten Frage eines Verfassungsgebots zur Verbeamtung von Lehrerinnen und Lehrern keinen belastbaren Aufschluss über den diesbezüglichen Willen des Verfassungsgebers. Die „spezielle" Entstehungsgeschichte vermag das zuvor gewonnene (zunächst vorläufige) Auslegungsergebnis also weder zu bestätigen, noch, worauf es letztendlich ankommt, in Frage zu stellen. Es bleibt also dabei, dass Lehrerinnen und Lehrer an öffentlichen Schulen dem Funktionsvorbehalt unterfallen.

### 3. Ständige Aufgabe

Dass der Funktionsvorbehalt nur für die Ausübung hoheitsrechtlicher Befugnisse „als ständige Aufgabe" gilt, zielte nach den Vorstellungen im Parlamentarischen Rat vor allem darauf, solche hoheitlichen Tätigkeiten auszuklammern, welche (mutmaßlich) nur zeitweilig in der (unmittelbaren) Nachkriegszeit anfallen.[115] Darüberhinaus scheidet für Aufgaben von absehbar begrenzter Dauer ein Verbeamtungszwang generell aus. Dazu mag zwar der Vorbereitungsdienst zählen,[116] die Tätigkeit von Lehrern und Lehrerinnen an öffentlichen Schulen ist aber (im Regelfall) eine ständige Aufgabe im Sinne von Art. 33 Abs. 4 GG.

### 4. Begrenzte Zulässigkeit von Ausnahmen

Nach Art. 33 Abs. 4 GG ist die Ausübung hoheitlicher Befugnisse „in der Regel" Beamten zu übertragen. In welchem Umfang und aus welchen Gründen danach Ausnahmen vom Verbeamtungszwang zulässig sind, ist alles andere als eindeutig und geklärt.[117] Insofern hilft es jedenfalls im Hinblick auf Lehrerinnen und Lehrer auch nicht weiter, wenn das Bundesverfassungsgericht in dem bereits erwähnten Urteil vom 18.01.2012 formuliert, Abweichungen bedürften der „Rechtfertigung durch einen besonderen sachlichen Grund".[118] Denn obwohl die Aufgaben des Lehrers in diesem Kontext vom Bundesverfassungsgericht als Beispiel für eine zulässige Ausnahme genannt werden,[119] zeigt der Verweis auf den Beschluss vom September 2007, dass das

115 Vgl. dazu mit Nachweisen *Masing* (Fn. 6), Art. 33, Rn. 69.

116 Vgl. nur BVerfGE 39, 334 (372); *Pieroth* (Fn. 26), Art. 33, Rn. 41.

117 Vgl. dazu nur die inhaltlich teils substanziell divergierenden bzw. kümmerlichen Kommentierungen zu diesem Tatbestandsmerkmal bei *Badura* (Fn. 22), Art. 33, Rn. 58; *Pieroth* (Fn. 26), Art. 33, Rn. 42; *Masing* (Fn. 6), Art. 33, Rn. 70.

118 BVerfG, Urteil vom 18.01.2012 – 2 BvR 133/10 –, Rn. 146.

119 Vgl. nochmals BVerfG, Urteil vom 18.01.2012 – 2 BvR 133/10 –, Rn. 146.

Gericht schon eine „Ausübung hoheitsrechtlicher Befugnisse“ negieren will.[120] Für die Begründung einer Ausnahme i.S.v. Art. 33 Abs. 4 GG („in der Regel“) wird jedenfalls vom Bundesverfassungsgericht nichts vorgetragen und – so mag man hinzufügen – dies lässt sich auch nicht belastbar begründen. Demnach kommt eine Nichtverbeamtung von Lehrerinnen und Lehrern lediglich aus Gründen des Einzelfalls in Betracht; unzulässig wäre es dagegen, wenn ein Bundesland beschlösse, für den Lehrerberuf insgesamt eine sog. Bereichsausnahme zu reklamieren.

## *D. Zusammenfassung*

Anknüpfend an Art. 133 Abs. 2 Bayrische Verfassung sind Lehrerinnen und Lehrer an den öffentlichen Schulen in Bayern grundsätzlich zu verbeamten. In den übrigen fünfzehn Bundesländern hängt ein verfassungsrechtlich fundierter Zwang zur Verbeamtung von Lehrerinnen und Lehrern von der Interpretation des Grundgesetzes und namentlich Art. 33 Abs. 4 GG ab. In Übereinstimmung mit einer beständig an Zustimmung gewinnenden Auffassung in der Literatur ist „Ausübung hoheitsrechtlicher Befugnisse“ im Sinne von Art. 33 Abs. 4 GG dadurch gekennzeichnet, dass diese neben der Eingriffsverwaltung auch grundrechtswesentliche Leistungsverwaltung erfasst. Eine nähere Analyse des einschlägigen Beschlusses des Bundesverfassungsgerichts aus dem Jahr 2007 impliziert, dass auch das Bundesverfassungsgericht dieser Position zuneigt. Daran anknüpfend wurde gezeigt, dass die Tätigkeit von Lehrerinnen und Lehrern an öffentlichen Schulen grundrechtswesentlich ist und mithin als „Ausübung hoheitsrechtlicher Befugnisse“ im Sinne von Art. 33 Abs. 4 GG zu qualifizieren ist. Die in einem obiter dictum geäußerte gegenteilige Position des Bundesverfassungsgerichts bleibt nicht nur ohne substanzhaltige Begründung, sondern steht mit den eigenen Prämissen bzgl. der Auslegung von „Ausübung hoheitsrechtlicher Befugnisse“ im Widerspruch.

120 Dazu bereits näher oben C. II. 2. c) bb) ddd) (2) (a).

# Bewertung von Lehrern durch Schüler

*Jörg Ennuschat**

A. Einleitung 39
B. Verfassungsrechtliche Eckpunkte 40
  I. Pflicht des Staates zur Bereitstellung leistungsstarker Schulen, Art. 7 Abs. 1 GG 40
  II. Allgemeines Persönlichkeitsrecht der Lehrerinnen und Lehrer, Art. 2 Abs. 1 i.V.m. 1 Abs. 1 GG 42
  III. Pädagogische Freiheit der Lehrerinnen und Lehrer 43
  IV. Hergebrachte Grundsätze des Berufsbeamtentums, Art. 33 Abs. 5 GG 44
  V. Grundrechte der Schülerinnen und Schüler: Meinungsfreiheit, Art. 5 Abs. 1 GG; allgemeines Persönlichkeitsrecht und Recht auf informationelle Selbstbestimmung, Art. 2 Abs. 1 i.V.m. 1 Abs. 1 GG 44
C. Außerschulische Bewertung von Lehrern durch Schüler 45
  I. Spickmich-Rechtsprechung 45
  II. Konsequenzen für die Schulpraxis 48
D. Innerschulische Bewertung von Lehrern durch Schüler 48
  I. Lehrerbewertung durch Schüler als Teil der Qualitätssicherung durch Evaluation 49
  II. Überblick über die schulrechtlichen Rechtsgrundlagen 50
  III. Einzelfragen 52
    1. Verpflichtung zur Eigenevaluation durch Schülerbefragung? 52
    2. Lehrerbewertung durch Schüler als Instrument der schulinternen und/ oder schulexternen Evaluation? Wer erhält Kenntnis von den Ergebnissen? 52
    3. Relevanz der Ergebnisse der Lehrerbewertung durch Schüler für Besoldung und Beurteilung? 54
E. Fazit 54

## *A. Einleitung*

Im Frühjahr 2012 wurde eine Allensbach-Studie mit dem Titel „Lehre(r) in Zeiten der Bildungspanik“ der Öffentlichkeit vorgestellt.[1] Dort finden sich u.a. interessante Aussagen zur Beurteilung und Bewertung der Leistungen von Lehrern. Immerhin 52 Prozent der Lehrer unterstützen die Berücksichtigung der Leistung bei der Entlohnung. Noch stärker als die Lehrer befürworten die Eltern eine leistungsbezogene Bezahlung.

* Prof. Dr. Jörg Ennuschat, FernUniversität in Hagen.

1 Allensbach-Studie „Lehre(r) in Zeiten der Bildungspanik“ vom 24. April 2012 (http://www.vodafone-stiftung.de/scripts/getdata.php?DOWNLOAD=YES&id=16556).

62 Prozent betonen, dass das Gehalt eines Lehrers maßgeblich von seiner Leistung abhängen sollte. Dann stellt sich die Frage: Kann man denn die Leistung eines Lehrers zuverlässig beurteilen? 59 Prozent der Eltern, aber auch 43 Prozent der Lehrer sind überzeugt, dass dies möglich ist. Die Vorstellungen, wie eine verlässliche Leistungsbeurteilung erfolgen kann, sind dabei recht unterschiedlich. Die Lehrer sprechen sich vor allem für eine Bewertung durch den Schulleiter und für Unterrichtsbesuche aus, die Eltern plädieren primär für eine Beurteilung durch die Schüler bzw. sehen in der Entwicklung des Notendurchschnitts einen geeigneten Maßstab. Auch unabhängig von der Frage der Leistungsbeurteilung unterscheiden sich die Ansichten von Eltern und Lehrern über eine Bewertung der Lehrer durch die Schüler erheblich. 54 Prozent der Eltern, aber nur 30 Prozent der Lehrer befürworten eine regelmäßige Beurteilung durch die Schüler. Das ist auch eine Generationenfrage: Von den Lehrern, die erst seit weniger als 5 Jahren unterrichten, sprechen sich 47 Prozent für eine regelmäßige Bewertung durch die Schüler aus, von den Lehrern mit einer Berufserfahrung von 20 Jahren und mehr dagegen lediglich 22 Prozent.

Die Beurteilung von Lehrerleistungen durch Schülerbewertung ist mithin im Gespräch. Es geht nicht nur um die Verbesserung der Unterrichtsqualität. Es geht womöglich auch ums Geld und um das berufliche Fortkommen.[2] Hinsichtlich der Bewertung von Lehrern durch Schüler sind zwei völlig unterschiedliche Konstellationen zu unterscheiden: zum einen die außerschulische, privat organisierte Bewertung von Lehrern – Stichwort: Spickmich –, zum anderen die innerschulische, amtlich veranlasste Bewertung als Teil der Qualitätssicherung durch Evaluation. Beide Konstellationen sollen im Folgenden betrachtet werden.

## B. *Verfassungsrechtliche Eckpunkte*

Zuvor wird ein Überblick über die verfassungsrechtlichen Eckpunkte der Lehrerbewertung durch Schüler geboten.

### I. Pflicht des Staates zur Bereitstellung leistungsstarker Schulen, Art. 7 Abs. 1 GG

Nach Art. 7 Abs. 1 GG steht das gesamte Schulwesen unter der Aufsicht des Staates. Unter Staat sind die Länder zu verstehen. Der Begriff der „Aufsicht" i.S.d. Art. 7 Abs. 1 GG umfasst zunächst die herkömmlichen Erscheinungsformen von Aufsicht, d.h. die Rechts-, Fach- und Dienstaufsicht, reicht jedoch über das übliche Begriffsverständnis hinaus und wird traditionell umfassend als die Gesamtheit der staatlichen

2 Zur Parallelproblematik der Bewertung der Lehrleistung von Hochschulprofessoren durch die Studierenden siehe z.B. *Höfling*, WissR 41 (2008), 92 (100 ff.); *Marxen*, VR 2001, 260 (262 f.).

Befugnisse zur Organisation, Leitung und Planung des Schulwesens begriffen.[3] So verstanden beinhaltet die Aufsicht i.S.d. Art. 7 Abs. 1 GG ein Vollrecht des Staates über die Schulen und umschließt alle schulrelevanten legislativen und exekutiven Hoheitsbefugnisse einschließlich der beamtenrechtlichen Regelungen der Dienstaufsicht über die Lehrer.[4] Der Begriff der Aufsicht in Art. 7 Abs. 1 GG umschreibt damit eine umfassende Schulhoheit des Landes.[5] Aus der Schulaufsicht folgt zugleich die Verantwortung des Landes, ein leistungsfähiges Schulsystem zu gewährleisten.[6] Schulaufsicht und Schulhoheit beschreiben daher weniger ein Herrschaftsrecht des Staates über die Schulen, sondern in erster Linie dessen Gewährleistungspflicht für ein leistungsstarkes Schulwesen.

Zentraler Anknüpfungspunkt für diese Gewährleistungspflicht ist die Schulpflicht. Diese wird durch die Landesverfassungen[7] sowie durch die Schulgesetze der Länder[8] begründet. Als grundgesetzliche Grundlage der Schulpflicht wird zumeist das Aufsichtsrecht gem. Art. 7 Abs. 1 GG herangezogen, das u.a. einen eigenständigen Erziehungsauftrag des Landes einschließt, welcher wiederum die Schulpflicht legitimiert.[9] Bestätigt wird dies durch die weiteren Absätze des Art. 7 GG: Ohne Pflichtschule wären die Bestimmungen zum Religionsunterricht in Abs. 2 und 3 überflüssig; dasselbe gilt für die Vorschriften zu Privatschulen in Abs. 4 und 5. Das Grundgesetz setzt damit in Art. 7 Abs. 2 bis 5 indirekt die Existenz der Schulpflicht voraus.[10] Die Schulpflicht greift in das Recht der Schüler auf freie Entfaltung der Persönlichkeit (Art. 2 Abs. 1 GG) und in das Elternrecht (Art. 6 Abs. 2 GG) ein, wobei das Elternrecht treuhänderisch auf das Kindeswohl ausgerichtet ist. Deshalb erhält die Schulpflicht nur dann eine inhaltliche Legitimierung, wenn sie dem Kindeswohl dient,[11] wenn also das Land die mit der Schulpflicht verbundenen Ziele erreicht. Es besteht damit ein Junktim zwischen der Schulpflicht und der Leistungsfähigkeit des Schulwesens.[12]

3 Siehe etwa BVerfGE 26, 228 (238); 96, 288 (303); BVerwGE 47, 201 (204); 107, 75 (78); *Pieroth*, in: Jarass/Pieroth, GG, 11. Aufl. 2011, Art. 7 Rn. 3; *Oeynhausen/Birnbaum*, Schulrecht NRW, 2. Auflage 2005, Rn. 671.

4 *Pieroth*, in: Jarass/Pieroth, GG, 11. Aufl. 2011, Art. 7 Rn. 3; *Ennuschat*, in: Löwer/Tettinger, LV NRW, 2002, Art. 8 Rn. 64; *Holfelder/Bosse/Reip*, Schulrecht BW, 13. Aufl. 2005, § 32, S. 134.

5 *Niehues/Rux*, SchulR, 4. Aufl. 2006, Rn. 694.

6 *Bothe*, VVDStRL 54 (1994), 8 (20); siehe auch Art. 15 Abs. 2 LV MV, Art. 102 Abs. 1 S. 1 LV Sachsen.

7 Z.B. Art. 14 Abs. 1 LV BW, Art. 8 Abs. 2 LV NRW.

8 Siehe etwa §§ 72 ff. SchulG BW, §§ 41 ff. SchulG Berlin, §§ 34 ff. SchulG NRW.

9 *Avenarius*, in: ders., Schulrecht, 8. Aufl. 2010, Rn. 17.121.

10 *Boysen*, in: v. Münch/Kunig, GG, 6. Aufl. 2012, Art. 7 Rn. 39; *Avenarius*, in: ders., Schulrecht, 8. Aufl. 2010, Rn. 17.121; *Ennuschat*, in: Löwer/Tettinger, LV NRW, 2002, Art. 8 Rn. 38; *Niehues/Rux*, Schulrecht, 4. Aufl. 2006, Rn. 124, Fn. 8. – Auch im Parlamentarischen Rat wurde in den Diskussionen zu Art. 33 Abs. 4 GG das Bestehen der Schulpflicht vorausgesetzt, vgl. JöR n.F. Bd. 1 (1951), 320.

11 BVerfG, NJW 1987, 180; NVwZ 2003, 1113 f.; BayVerfGH, BayVBl. 2003, 236 (237 f.).

12 *Ennuschat*, RdJB 2007, 271 (288).

## II. Allgemeines Persönlichkeitsrecht der Lehrerinnen und Lehrer, Art. 2 Abs. 1 i.V.m. 1 Abs. 1 GG

Art. 2 Abs. 1 i.V.m. Art. 1 Abs. 1 GG schützt das sog. allgemeine Persönlichkeitsrecht. Dieses Grundrecht steht auch Lehrern innerhalb des Schuldienstes zu, selbst im Falle der Verbeamtung. Grundrechte für Lehrer können aber u.U. weitergehend als für Normalbürger beschränkt werden, nämlich dann, wenn dies erforderlich ist, um den staatlichen Erziehungsauftrag aus Art. 7 Abs. 1 GG zu erfüllen, oder wenn dies durch Sinn und Zweck des Beamtenverhältnisses gefordert wird (vgl. Art. 33 Abs. 5 GG, dazu sogleich).

Das allgemeine Persönlichkeitsrecht hat verschiedene Schutzinhalte. Geschützt wird u.a. das Recht der Selbstdarstellung. Der Einzelne soll grundsätzlich selbst darüber befinden dürfen, wie er sich gegenüber Dritten oder der Öffentlichkeit darstellen will und was seinen sozialen Geltungsanspruch ausmachen soll.[13] Hieraus folgt jedoch kein Anspruch darauf, in der Öffentlichkeit nur so dargestellt zu werden, wie er sich selber sieht.[14] Das allgemeine Persönlichkeitsrecht bietet aber Schutz vor verfälschenden oder entstellenden Darstellungen seiner Person in der Öffentlichkeit und den Schutz der Ehre.[15]

Eine besondere Ausprägung des Schutzinhalts des allgemeinen Persönlichkeitsrechts ist das sog. Recht auf informationelle Selbstbestimmung, das man auch als Grundrecht auf Datenschutz bezeichnen könnte. Manche Landesverfassungen kennen hierzu explizite Gewährleistungen, so etwa Art. 4 Abs. 2 S. 1 LV NRW: Jeder hat Anspruch auf Schutz seiner personenbezogenen Daten. Geschützt ist die Befugnis, selbst über die Preisgabe und Verwendung persönlicher Daten zu bestimmen. Das gilt auch, wenn die Daten nicht die Privat- oder gar Intimsphäre betreffen. Geschützt werden persönliche bzw. personenbezogene Daten sowie der Schutz vor Zwang zu selbst belastenden Äußerungen, soweit dies persönliche Daten betrifft.

Der Persönlichkeits- und Datenschutz ist nicht grenzenlos. Es gibt vielmehr Beschränkungsmöglichkeiten. Die Erhebung von Daten ist möglich, wenn es dafür eine spezielle gesetzliche Grundlage gibt.[16] Dabei gelten hohe Anforderungen an die Bestimmtheit der Rechtsgrundlage.[17] Im Bereich der informationellen Selbstbestimmung müssen der Anlass, der Zweck und die Grenzen des Eingriffs bereichsspezifisch, präzise und normenklar festgelegt werden.[18] Es muss gesetzlich festgelegt werden, welche

13 *Jarass*, in: Jarass/Pieroth, GG, 11. Aufl. 2011, Art. 2 Rn. 40; *Epping*, Grundrechte, 5. Aufl. 2012, Rn. 635.

14 *Jarass*, in: Jarass/Pieroth, GG, 11. Aufl. 2011, Art. 2 Rn. 61.

15 *Jarass*, in: Jarass/Pieroth, GG, 11. Aufl. 2011, Art. 2 Rn. 40; *Epping*, Grundrechte, 5. Aufl. 2012, Rn. 635.

16 *Jarass*, in: Jarass/Pieroth, GG, 11. Aufl. 2011, Art. 2 Rn. 58.

17 Näher *Jarass*, in: Jarass/Pieroth, GG, 11. Aufl. 2011, Art. 2 Rn. 58a.

18 *Jarass*, in: Jarass/Pieroth, GG, 11. Aufl. 2011, Art. 2 Rn. 58a; *Epping*, Grundrechte, 5. Aufl. 2012, Rn. 655.

staatliche Stelle zur Erfüllung welcher Aufgabe zu der Datenerhebung und -verarbeitung befugt ist.[19] In materieller Hinsicht muss die Datenerhebung zum Schutz öffentlicher Interessen unerlässlich sein.[20] Die Verhältnismäßigkeit muss gewahrt sein; dabei gilt – in Abhängigkeit der Sensibilität der Daten – ein relativ strenger Prüfungsmaßstab.[21] Der Grundrechtseingriff muss im Hinblick auf den verfolgten Zweck geeignet sein. Daran fehlt es bei der Erhebung von Daten, wenn keine ausreichende Richtigkeitsgewähr besteht.[22] Schließlich sind verfahrensrechtliche Schutzvorkehrungen gefordert, um Missbrauch auszuschließen (insb. Aufklärungs-, Auskunfts- und Löschungspflichten).[23]

Das allgemeine Persönlichkeitsrecht, auch in seiner Ausprägung als Recht auf informationelle Selbstbestimmung, hat mehrere Wirkungsdimensionen. Es ist primär Abwehrrecht gegen den Staat. Darüber hinaus ist Staat gehalten, den Einzelnen vor Gefährdungen des Persönlichkeitsrechts durch Dritte zu schützen.[24] Hinzu kommt eine mittelbare Wirkung gegenüber Dritten: Bei der Auslegung und Anwendung privatrechtlicher Vorschriften ist die weit reichende Ausstrahlungswirkung des Persönlichkeitsrechts zu beachten.[25]

## III. Pädagogische Freiheit der Lehrerinnen und Lehrer

Lehrerinnen und Lehrer steht die sog. pädagogische Freiheit zu. Eine Grundbedingung für erfolgreichen Unterricht ist die personale Erziehungssituation. Dies setzt einen Gestaltungsraum für eigenverantwortliche Unterrichtung und Erziehung voraus.[26] Verfassungsrechtlicher Anknüpfungspunkt der pädagogischen Freiheit ist die staatliche Pflicht und Aufgabe, ein leistungsstarkes Schulwesen bereitzustellen (Art. 7 Abs. 1 GG), um so den Anspruch der Schüler auf Bildung, den namentlich die Landesverfassungen verbürgen (z.B. Art. 8 Abs. 1 S. 1 LV NRW), zu erfüllen.[27] Die päd-

19 *Jarass*, in: Jarass/Pieroth, GG, 11. Aufl. 2011, Art. 2 Rn. 58a.
20 *Jarass*, in: Jarass/Pieroth, GG, 11. Aufl. 2011, Art. 2 Rn. 60.
21 *Jarass*, in: Jarass/Pieroth, GG, 11. Aufl. 2011, Art. 2 Rn. 60; *Starck*, in: v. Mangoldt/Klein/Starck, GG, 6. Aufl. 2010, Art. 2 Rn. 116.
22 *Jarass*, in: Jarass/Pieroth, GG, 11. Aufl. 2011, Art. 2 Rn. 60a.
23 *Jarass*, in: Jarass/Pieroth, GG, 11. Aufl. 2011, Art. 2 Rn. 62a; *Epping*, Grundrechte, 5. Aufl. 2012, Rn. 655.
24 *Jarass*, in: Jarass/Pieroth, GG, 11. Aufl. 2011, Art. 2 Rn. 56; *Hufen*, Staatsrecht II – Grundrechte, 3. Aufl. 2011, § 11 Rn. 27.
25 *Jarass*, in: Jarass/Pieroth, GG, 11. Aufl. 2011, Art. 2 Rn. 57; *Hufen*, Staatsrecht II – Grundrechte, 3. Aufl. 2011, § 11 Rn. 27.
26 *Füssel*, in: Avenarius, Schulrecht, 8. Aufl. 2010, Tz. 29.41; *Niehues/Rux*, Schulrecht, 4. Aufl. 2006, Rn. 896.
27 OVG NRW, NVwZ-RR 1991, 72 (73); *Füssel*, in: Avenarius, Schulrecht, 8. Aufl. 2010, Tz. 29.411.

agogische Freiheit ist jedoch kein Grundrecht der Lehrer.[28] Nach wohl überwiegender Ansicht handelt es sich auch um kein einfachrechtliches subjektiv-öffentliches Recht der Lehrer.[29] Vielmehr ist die pädagogische Freiheit nur Ausdruck ihrer pädagogischen Verantwortung. Sofern die pädagogische Freiheit doch als Recht des Lehrers anerkannt wird, wird sie jedenfalls auf die Interessen der Schüler fokussiert; es handelt sich dann also um eine dienende Freiheit, welche auf Leistungsstärke des Schulwesens und den Anspruch der Schüler auf Bildung bezogen ist.[30] Es gibt keinesfalls eine pädagogische Freiheit zu schlechtem Unterricht.

## IV. Hergebrachte Grundsätze des Berufsbeamtentums, Art. 33 Abs. 5 GG

Art. 33 Abs. 5 GG nennt die hergebrachten Grundsätze des Berufsbeamtentums. Hierzu zählen u.a. das beamtenrechtliche Treue- und Fürsorgeverhältnis und das Leistungsprinzip.[31] Den Beamten trifft die Dienstleistungspflicht unter Einsatz der ganzen Persönlichkeit für den Dienstherrn.[32] Der Dienstherr schuldet u.a. Fürsorge; er muss den Beamten gegenüber unberechtigten Anwürfen in Schutz nehmen.[33] Die hergebrachten Grundsätze des Berufsbeamtentums können einerseits eine weitere Schranke für die Grundrechte, andererseits die Grundlage für spezifische Rechte des Beamten sein.[34] Hinzuweisen ist überdies auf einen Trend in der Rechtsprechung, die Reichweite des Gesetzesvorbehalts im Beamtenrecht zu steigern.[35]

## V. Grundrechte der Schülerinnen und Schüler: Meinungsfreiheit, Art. 5 Abs. 1 GG; allgemeines Persönlichkeitsrecht und Recht auf informationelle Selbstbestimmung, Art. 2 Abs. 1 i.V.m. 1 Abs. 1 GG

Schließlich sind die Grundrechte der Schülerinnen und Schüler anzuführen. Zu nennen ist zunächst die Meinungsfreiheit gem. Art. 5 Abs. 1 GG. Diese schützt zum einen die positive Meinungsfreiheit (etwa die Beteiligung bei Spickmich oder anderen privaten Internetportalen zur Lehrerbewertung), zum anderen die negative Meinungsfreiheit, welche z.B. relevant wird, wenn Schüler zur Mitwirkung an innerschulischen Lehrer-

28 *Niehues/Rux*, Schulrecht, 4. Aufl. 2006, Rn. 920; *Kulow*, in: Apel/Sacher, Studienbuch Schulpädagogik, 3. Aufl. 2007, S. 199 (203).
29 OVG NRW, NVwZ-RR 1991, 72 (73); *Füssel*, in: Avenarius, Schulrecht, 8. Aufl. 2010, Tz. 29.421; a.A. *Niehues/Rux*, Schulrecht, 4. Aufl. 2006, Rn. 900, 904, 907.
30 In diese Richtung *Niehues/Rux*, Schulrecht, 4. Aufl. 2006, Rn. 907.
31 *Pieroth*, in: Jarass/Pieroth, GG, 11. Aufl. 2011, Art. 33 Rn. 50, 51.
32 *Pieroth*, in: Jarass/Pieroth, GG, 11. Aufl. 2011, Art. 33 Rn. 51.
33 *Pieroth*, in: Jarass/Pieroth, GG, 11. Aufl. 2011, Art. 33 Rn. 61.
34 *Pieroth*, in: Jarass/Pieroth, GG, 11. Aufl. 2011, Art. 33 Rn. 43 f.
35 Siehe etwa BVerwG, NVwZ 2005, 713 (714) – beamtenrechtliche Beihilfe.

bewertungen verpflichtet werden. Wenn Schüler an innerschulischen Evaluationen teilnehmen, geben sie durch ihre Antworten Daten heraus, die bei fehlender Anonymisierung mit ihrer Person verbunden wären, sodass wiederum das allgemeine Persönlichkeitsrecht in seiner Ausprägung als Recht auf informationelle Selbstbestimmung in den Blick gerät.

## *C. Außerschulische Bewertung von Lehrern durch Schüler*

Die außerschulische Bewertung erfolgt z.B. durch Internetportale privater Betreiber. Die Betreiber verfolgen kommerzielle Interessen, die Schüler suchen Zerstreuung. Dennoch können durch diese Portale mittelbar auch schulische Interessen gefördert werden, so jedenfalls eine Einschätzung des Bundesgerichtshofs (BGH) im Rahmen seiner sog. Spickmich-Rechtsprechung.

### I. Spickmich-Rechtsprechung

Der Entscheidung des BGH vom 23.6.2009[36] lag folgender Sachverhalt zugrunde: Eine Lehrerin aus Nordrhein-Westfalen hatte erfahren, dass sie auf „spickmich.de" unter Angabe ihres Namen, der Schule und ihres Unterrichtsfachs abgespeichert ist und anhand von vier Schülerbewertungen eine durchschnittliche Gesamtbewertung von 4,3 erhalten hatte. Dabei hatten Name, Stellung und Unterrichtsfach der Lehrerin bereits der Homepage der Schule entnommen werden können. Eine Gesamtbewertung erfolgt durch Errechnung des Durchschnitts aus anonym abgegebenen Bewertungen zu vorgegebenen Kriterien wie etwa „beliebt", „motiviert", „cool und witzig", „menschlich", „gelassen" und „guter Unterricht" entsprechend von Schulnoten von 1 bis 6. Dabei können nur registrierte Benutzer Bewertungen abgeben. Neben der Möglichkeit, Bewertungen abzugeben, können von den Nutzern darüber hinaus auch Zitate der bewerteten Lehrer eingestellt werden, wobei im vorliegenden Fall solch ein Textbeitrag nicht wiedergegeben war. Wenn zu einem Lehrer mehr als ein Jahr lang keine Einträge mehr erfolgen, wird alles gelöscht. Die Lehrerin verlangte vom Betreiber des Portals „Spickmich" Löschung und Unterlassung der Veröffentlichung ihres Namens, des Namens der Schule und der Gesamt- und Einzelbewertung, blieb aber vor dem BGH – wie zuvor auch schon in den Vorinstanzen –[37] ohne Erfolg.

Die Ausführungen des BGH zu den einfachrechtlichen Bestimmungen des Telemediengesetzes, Bundesdatenschutzgesetzes und Zivilrechts sollen hier nicht nachge-

36 BGH, WRP 2009, 979 = NJW 2009, 2888.

37 OLG Köln, Urteil v. 27.11.2007 – 15 U 142/07, K&R 2008, 40 ff.; LG Köln, Urteil v. 11.7.2007 – 28 O 263/07, CR 2007, 666 ff.

zeichnet werden. Im Ergebnis verlangt das einfache Recht eine Abwägung zwischen zwei grundrechtlich geschützten Rechtspositionen: auf der einen Seite die Meinungsfreiheit der Nutzer der Internet-Plattform nach Art. 5 Abs. 1 S. 1 GG und auf der anderen Seite das allgemeine Persönlichkeitsrecht der betroffenen Lehrerin gem. Art. 2 Abs. 1 i.V.m. Art. 1 Abs. 1 GG in seinen Ausprägungen des Rechts auf informationelle Selbstbestimmung und des Schutzes des sozialen Geltungsanspruchs.

Zum allgemeinen Persönlichkeitsrecht der Lehrerin hebt der BGH hervor, dass dieses auch im Verhältnis zum privaten Portalbetreiber sowie zu den Portalnutzern Wirkungen entfalte.[38] Der BGH nimmt dabei aufgrund der schwer bestimmbaren Reichweite des allgemeinen Persönlichkeitsrechts eine Einordnung anhand der abgestuften Schutzwürdigkeit bestimmter Sphären (sog. Sphärentheorie[39]) vor und sieht in den Bewertungen durch die Nutzer des Online-Portals im Ergebnis nicht die Privat-, sondern die – weniger intensiv geschützte – Sozialsphäre der Lehrerin als betroffen an:[40] „Die Bewertungen betreffen die berufliche Tätigkeit der Klägerin, also einen Bereich, in dem sich die persönliche Entfaltung von vornherein im Kontakt mit der Umwelt vollzieht. ...Die Einschätzungen der Klägerin als mehr oder weniger "cool und witzig", "menschlich", "beliebt" und mit "vorbildlichem Auftreten" betreffen zwar persönliche Eigenschaften, die aber der Klägerin aufgrund ihres Auftretens innerhalb des schulischen Wirkungskreises beigelegt werden. Sie stellen mithin keinen über die Sozialsphäre hinausgehenden Eingriff in die Privatsphäre der Klägerin dar. Hinsichtlich der Bewertungskriterien "guter Unterricht", "fachlich kompetent", "motiviert", "faire Noten", "faire Prüfungen" und "gut vorbereitet" geht auch die Revision davon aus, dass es sich um Benotungen für ein Verhalten handelt, das der Sozialsphäre der Klägerin zuzuordnen ist.“

Dem allgemeinen Persönlichkeitsrecht steht die Meinungsfreiheit des Portalbetreibers und der Nutzer gegenüber.[41] Das Recht auf Meinungsfreiheit sei auch dann schützenswert, wenn sie durch Minderjährige wahrgenommen werde[42] und sich auf Themen ohne besonderen Belang für die Öffentlichkeit beziehe.[43] An die Einschränkung der Meinungsfreiheit setzt der BGH entsprechend der verfassungsgerichtlichen Rechtsprechung hohe Anforderungen und macht deutlich, dass „Äußerungen im Rahmen der Sozialsphäre ... nur im Falle schwerwiegender Auswirkungen auf das Persönlichkeitsrecht mit negativen Sanktionen verknüpft werden [dürfen], so etwa dann, wenn

38 BGH, WRP 2009, 979 (983).

39 Dazu z.B. *Epping*, Grundrechte, 5. Aufl. 2012, Rn. 633, 652 f.; *Hufen*, Staatsrecht II – Grundrechte, 3. Aufl. 2011, § 11 Rn. 4; *Pieroth/Schlink*, Grundrechte, 27. Aufl. 2011, Rn. 396.

40 BGH, WRP 2009, 979 (983 f.).

41 Siehe auch *Höfling*, WissR 41 (2008), 92 (104), zur hochschulrechtlichen Parallele: Privat verantwortete, vor allem studentische Evaluationen seien Ausdruck grundrechtlich geschützter Meinungsfreiheit.

42 BGH, WRP 2009, 979 (984).

43 BGH, WRP 2009, 979 (985).

eine Stigmatisierung, soziale Ausgrenzung oder Prangerwirkung zu besorgen sind.“ [44]

Entscheidend ist damit eine Gesamtabwägung der konfligierenden Grundrechtspositionen im Einzelfall. Dabei stellt der BGH zunächst darauf ab, dass die Bewertungen weder eine unsachliche Schmähkritik noch eine Formalbeleidigung oder einen Angriff auf die Menschenwürde der Klägerin darstellten.[45] Das Internetportal befriedige das Informationsinteresse von Schülern, Eltern und Lehrern der Schule, indem es den Meinungsaustausch unter den Schülern über ihre Erfahrungen mit der Klägerin vereinfachten und anregten. Die Bewertungsseite eröffne der Lehrerin die Möglichkeit eines Feedback über ihre Akzeptanz bei den Schülern.[46] Schließlich hält der BGH eine Reduzierung des Schutzgehalts der Meinungsfreiheit bei anonymen Online-Äußerungen im Gegensatz zu den klassischen Medien für nicht zulässig:[47] „Die Meinungsfreiheit umfasst das Recht des Äußernden, die Modalitäten einer Äußerung und damit das Verbreitungsmedium frei zu bestimmen. Grundsätzlich können Form und Umstände einer Meinungskundgabe so gewählt werden, dass damit die größte Verbreitung oder die stärkste Wirkung erzielt wird. ...Die anonyme Nutzung ist dem Internet immanent. Eine Beschränkung der Meinungsäußerungsfreiheit auf Äußerungen, die einem bestimmten Individuum zugeordnet werden können, ist mit Art. 5 Abs. 1 S. 1 GG nicht vereinbar.“

Die Lehrerin hat gegen das Urteil des BGH noch Verfassungsbeschwerde eingelegt, die das BVerfG jedoch durch Beschluss vom 16.8.2010 – 1 BvR 1750/09 verworfen hat. Die Sache war aus Sicht des BVerfG so eindeutig, dass es dem Beschluss keine Begründung beigefügt hat. Die Zivilrechtsprechung hält an der durch den BGH gezogenen Linie fest.[48]

Etwas anders gelagert war ein Sachverhalt, über den der Bayerische Verwaltungsgerichtshof (BayVGH) zu entschieden hatte:[49] Ein Schüler eröffnet ein Diskussionsforum im Internet zu dem Thema „Wer mag bitteschön Herrn XY?“ und gab unter einem Pseudonym dann auch selbst die Antwort: „Also ich nicht! Der mit seinem Fenstertick“. Weitere kritische Äußerungen anderer Schüler folgen. Der BayVGH wertete diese Äußerung als eine unzulässige Schmähkritik und entschied: Wenn ein Schüler ein Internetforum als Plattform für Schmähkritik einrichtet, rechtfertigt dies schulische Ordnungsmaßnahmen.

44 BGH, WRP 2009, 979 (983).
45 BGH, WRP 2009, 979 (984).
46 BGH, WRP 2009, 979 (985).
47 BGH, WRP 2009, 979 (985).
48 Siehe OLG Düsseldorf, Urteil vom 6.10.2010 - 15 U 80/08, juris Rn. 52 ff.
49 BayVGH, Urteil vom 10.3.2010 – 7 B 09.1906, K&R 2010, 610.

## II. Konsequenzen für die Schulpraxis

Ob die Äußerungen, die Gegenstand der Entscheidung des BayVGH waren, wirklich die Schwelle zur Schmähkritik überschritten haben, mag dahingestellt bleiben. Deutlich wird jedenfalls, dass die Spickmich-Rechtsprechung des BGH nicht als Freibrief für Online-Schmähkritik missverstanden werden darf. Liegt Schmähkritik vor, muss die Schule sich in Erfüllung der beamtenrechtlichen Fürsorgepflicht, die in Art. 33 Abs. 5 GG wurzelt (oben B. IV.), schützend vor den Lehrer stellen. Zugleich sichert sie damit einen geordneten Schulbetrieb. Überlegungen, die Nutzung von Internet-Plattformen durch die Erstellung eines Schulkodex o.ä. zu untersagen,[50] stoßen angesichts des Gewichts der Meinungsfreiheit indessen auf verfassungsrechtliche Bedenken.

Das Schulministerium NRW reagierte auf die Spickmich-Rechtsprechung durch Freischaltung eines internetbasierten Feedback-Systems mit dem Namen SEfU (Schüler als Experten für den Unterricht), entwickelt von der Uni Jena.[51] Mittels eines Onlinefragebogens können Lehrer die Sichtweise der Schüler über ihren Unterricht in anonymisierter Form einholen. Zu den Ergebnissen haben nur die jeweiligen Lehrer Zugang. Der Onlinefragebogen, der im Konsens mit den Lehrerverbänden auf die Schulen in NRW angepasst wurde, umfasst rund 40 Aussagen. Die Teilnahme an dem Rückmeldeverfahren ist kostenlos und freiwillig. Lehrkräfte, die „Schüler als Experten für Unterricht" nutzen möchten, müssen sich online registrieren und Klasse, Fach, Schüleranzahl und Befragungszeitraum angeben. Danach erhalten sie für sich und ihre Schüler individuelle Passwörter. Die Erhebung, die etwa 20 Minuten dauert, kann von jedem Internetzugang vorgenommen werden. Die erfassten Daten werden dem Lehrer in einem passwortgeschützten Raum automatisch zum Herunterladen zur Verfügung gestellt.

## *D. Innerschulische Bewertung von Lehrern durch Schüler*

Das zuletzt genannte Feedback-System SEfU leitet über zur innerschulischen Bewertung von Lehrern durch Schüler.

50 So etwa eine Forderung von Gewerkschaftsseite, http://www.stern.de/digital/online/internet-mobbing-schulcodex-soll-lehrer-schuetzen-593372.html.

51 Zum Folgenden mit näheren Informationen siehe www.nrw.sefu-online.de.

## I. Lehrerbewertung durch Schüler als Teil der Qualitätssicherung durch Evaluation

Grundgesetz und Landesverfassungen verpflichten die Länder, leistungsfähige Schulen bereitzustellen (oben B. I.). Schon deshalb sind Schulen zur Qualität verpflichtet. Dieser Aspekt hat aus zwei Gründen an Bedeutung gewonnen: Zum einen wies der sog. PISA-Schock auf Leistungsdefizite unseres Schulwesens hin. Zum setzt die Einräumung von mehr Selbständigkeit der einzelnen Schule die Bereitschaft zur Rechenschaftslegung voraus. Diese dient der Sicherstellung von Standards, der Transparenz und der Weiterentwicklung der Qualität. Interne und externe Evaluation sind damit zugleich Instrumente der Selbststeuerung von Bildungseinrichtungen.[52] Dementsprechend heißt es z.B. in § 7 Abs. 2 BbgSchulG, der Rechtsgrundlage für die Selbständigkeit der Schulen: „Die Schulen legen pädagogische Ziele und Schwerpunkte ihrer Arbeit mit dem Ziel fest, diese in einem Schulprogramm für die Sicherung und Entwicklung der Qualität schulischer Arbeit zusammenzuführen. Sie überprüfen regelmäßig das Erreichen ihrer pädagogischen Ziele und die Umsetzung ihrer verabredeten Arbeitsschwerpunkte oder ihres Schulprogramms (interne Evaluation) und können sich hierbei durch Dritte unterstützen lassen. Sie nehmen an den durch die Schulbehörden veranlassten Überprüfungen teil (externe Evaluation)…“.

Hinsichtlich der Evaluation können mehrere Ebenen und Instrumente unterschieden werden:

- Eigenevaluation – Bezug: der einzelne Lehrer,
- schulinterne Evaluation (Selbstevaluation) – Bezug: die Schule,
- schulexterne Evaluation (Fremdevaluation) – Bezug: die Schule.

Instrumente der Eigenevaluation kann insbesondere die Schülerbefragung, könnten aber auch das Kollegengespräch oder die Kollegenhospitation sein. Instrument der schulinternen und -externen Evaluation kann wiederum die Schülerbefragung sein, u.U. mit Bezug zu einzelnen Lehrern.

Eine offene Frage der Lehrerbewertung durch Schülerbefragung ist die Aussagekraft der Ergebnisse. Diese dürften für den einzelnen Lehrer sehr hilfreich sein, zumal er die weniger hilfreichen Bemerkungen herausfiltern kann. Schwieriger würde es bei einer Nutzung durch Dritte. Weitere offene Fragen sind: Sind Durchführung und Teilnahme an der Evaluation freiwillig oder pflichtig? Wird die Lehrerbewertung durch Schüler auch als Instrument der schulinternen oder schulexternen Evaluation eingesetzt? Wer erhält Kenntnis von den Ergebnissen der Schülerbefragung? Sind die Ergebnisse relevant für die Besoldung und/oder für die Beurteilung? Wo werden Ant-

52 *Arbeitsstab Forum Bildung* in der Geschäftsstelle der Bund-Länder-Kommission für Bildungsplanung und Forschungsförderung, Empfehlungen des Forum Bildung, November 2001, S. 25 (im Internet erhältlich unter www.bmbf.de/pub/011128_Zusammenfassung_Forum_Bildung.pdf).

worten auf diese Fragen formuliert – im Gesetz, in einer Rechtsverordnung oder nur im Schulprogramm?

## II. Überblick über die schulrechtlichen Rechtsgrundlagen

Antworten auf einige dieser Fragen finden sich in den schulrechtlichen Rechtsgrundlagen. Der folgende Überblick kann nur sehr holzschnittartig erfolgen.

Die Schulgesetze halten zumeist keine spezifischen Vorgaben bereit, d.h. es fehlen konkrete Aussagen, die sich mit Lehrerbewertung durch Schüler befassen. Verbreitet gibt es Bestimmungen, die – ähnlich wie der bereits genannte § 7 Abs. 2 BbgSchulG – im Zusammenhang mit der Selbstständigkeit der Schule die Evaluation behandeln.

In Baden-Württemberg gibt es darüber hinaus Aussagen zur Mitwirkungspflicht; hier bestimmt § 114 Abs. 1 SchulG BW Folgendes: „Die Schulen führen zur Bewertung ihrer Schul- und Unterrichtsqualität regelmäßig Selbstevaluationen durch; sie können sich dabei ergänzend der Unterstützung sachkundiger Dritter bedienen. Das Landesinstitut für Schulentwicklung führt in angemessenen zeitlichen Abständen Fremdevaluationen durch, zu deren Vorbereitung die Schulen auf Anforderung die Ergebnisse und Folgerungen der Selbstevaluation übersenden. … Bei der Evaluation werden alle am Schulleben Beteiligten, insbesondere Schüler und Eltern, mit einbezogen. Die Lehrer sind zur Mitwirkung verpflichtet." Schüler sind demgegenüber nur zur Beteiligung an Vergleichstests verpflichtet (Stichwort PISA, IGLU etc., vgl. § 114 Abs. 2 SchulG BW), im Übrigen ist die Teilnahme an Maßnahmen zur Evaluation freiwillig, wie § 1 Abs. 4 EvaluationsVO BW explizit festhält.

Häufig gibt es unterhalb der Ebene von Gesetz und Rechtsverordnung weitere Aussagen. So hat z.B. Brandenburg einen Orientierungsrahmen Schulqualität in Brandenburg erstellt, der u.a. die Selbstevaluation der Unterrichts- und Erziehungsarbeit nennt.[53] Instrumente der Selbstevaluation seien die kollegiale Unterrichtshospitation, aber auch die Nutzung von Schüler- und Elternfeedback, insbesondere im Rahmen des Selbstevaluationsportals (SEP) des Instituts für Schulqualität der Länder Berlin und Brandenburg (ISQ). In einem Rundschreiben des Ministeriums für Bildung, Jugend und Sport wird ferner das Evaluierungsinstrument „Selbstevaluation in Schulen (SEIS)" empfohlen.[54]

Einige Länder haben vergleichsweise detaillierte Regelungen zur Evaluation geschaffen. In Bayern gibt es im unmittelbaren Regelungszusammenhang mit der Evaluation spezifische Aussagen zum Datenschutz. Den Hintergrund erläutert der Lan-

53 Orientierungsrahmen Schulqualität in Brandenburg, Dez. 2008, S. 54; im Internet erhältlich unter http://www.mbjs.brandenburg.de/cms/detail.php/bb1.c.142178.de-

54 Rundschreiben 8/09 des Ministeriums für Bildung, Jugend und Sport vom 27.7.2009 (Gz.: 31.1. – 54112), http://www.mbjs.brandenburg.de/cms/detail.php/bb2.c.453424.de.

desbeauftragte für Datenschutz:[55] Es habe Befürchtungen von Lehrkräften gegeben, im Rahmen der Evaluation auch vor Außenstehenden an den „Pranger" gestellt zu werden – mit unmittelbaren Folgen für das berufliche Fortkommen. Er habe im Zuge einer längeren Diskussion das Staatsministerium für Unterricht und Kultus davon überzeugen können, dass bereits die interne, vor allem aber die externe Evaluation wegen der vielfachen Eingriffe in das Grundrecht auf informationelle Selbstbestimmung der Lehrer, Schüler, Eltern und Ausbilder einer gesetzlichen Grundlage bedürfe, die den verfassungsrechtlichen Geboten der Normenklarheit, Normenbestimmtheit und Verhältnismäßigkeit genügen müsse. Es müsse sichergestellt sein, dass die Daten nur für den Zweck der Evaluation selbst verwendet werden. Eine Verarbeitung oder Nutzung für andere Zwecke – also insbesondere für die dienstliche Beurteilung der Lehrkräfte – sei bereits von Gesetzes wegen unzulässig. Diese Vorgaben des Datenschutzes werden nunmehr durch das Schulrecht umgesetzt. Gem. Art. 113c Abs. 3 S. 3 BayEUG ist die Verarbeitung und Nutzung der personenbezogenen Daten zu anderen Zwecken als der Evaluation unzulässig. In der Gesetzesbegründung wird u.a. hervorgehoben, dass – entsprechend dem Zweck der Evaluation, nur Schulen, nicht aber konkrete Personen bewerten zu wollen – die Ergebnisse der Evaluation nur in einer Form veröffentlicht werden dürfen, die den Schluss auf bestimmte oder bestimmbare Personen nicht ermöglicht.[56]

Berlin kennt eine Regelung, die explizit die Lehrerbewertung durch Schüler betrifft und hierfür klare Aussagen bereithält: § 6 der Verordnung über schulische Qualitätssicherung und Evaluation vom 29.11.2011 (GVBl. S. 728). Danach sind Lehrkräfte verpflichtet, alle zwei Jahre an einer von Schülerinnen und Schülern durchzuführenden Evaluationsmaßnahme teilzunehmen, welche den von den Lehrkräften angebotenen Unterricht zum Gegenstand hat (§ 6 Abs. 1 S. 1). Gem. § 6 Abs. 2 S. 1 erfolgt die Evaluation in anonymisierter Form unter Nutzung eines automatisierten Datenverarbeitungssystems nach Vorgaben der Schulaufsichtsbehörde. Nur die betroffenen Lehrkräfte haben Zugang zu den Evaluationsergebnissen in individualisierter Form (§ 6 Abs. 3 S. 1). Sie haben die Schulleitung über die Durchführung der Evaluationsmaßnahme zu informieren (§ 6 Abs. 3 S. 2) – nicht aber über das Ergebnis. Die Ergebnisse der Evaluation dürfen an der Schule nicht dokumentiert oder aufbewahrt werden (§ 6 Abs. 4).

55 23. Tätigkeitsbericht des Landesbeauftragten für Datenschutz vom 1.12.2009, BayLT-Drs. 16/2100, S. 86 ff.

56 BayLT-Drs. 15/10594, S. 14.

## III. Einzelfragen

### 1. Verpflichtung zur Eigenevaluation durch Schülerbefragung?

Bezogen auf das „ob“ der Durchführung und Mitwirkung gibt es teils eindeutige normative Vorgaben. Eine entsprechende Pflicht für Lehrer konstituieren etwa die vorstehend genannten § 114 Abs. 1 S. 2 SchulG BW oder § 6 Abs. 1 EvalO Berlin. Problematisch sind allgemein gehaltene Vorgaben; siehe z.B. § 57 Abs. 2 SchulG NRW: „Lehrer wirken an der Fortentwicklung der Qualität schulischer Arbeit kontinuierlich mit.“ Reicht das als Grundlage für eine Weisung des Schulleiters, eine Eigenevaluation durchzuführen? Das ist zu verneinen. Wegen der Daten- und Grundrechtssensibilität, nicht nur bezogen auf Lehrer, sondern auch auf Schüler, deren Anonymität gesichert werden muss, muss die gesetzliche Regelung präziser gefasst sein. Vor dem Hintergrund des oben geschilderten Trends zur Ausweitung des Gesetzesvorbehalts im Beamten- und Schulrecht wäre auch Verwaltungsvorschrift nicht frei von Bedenken. Wenn aber durch die Verwaltungsvorschrift gewährleistet wird, dass die Anonymität der Schüler erhalten bleibt und der Lehrer die Evaluationsergebnisse nicht weitergeben muss, dann dürfte sie als Rechtsgrundlage genügen.

Bezogen auf Schüler geben § 114 Abs. 1 SchulG BW, § 1 Abs. 4 EvaluationsVO BW vor, dass deren Teilnahme freiwillig ist. Besteht eine Teilnahmepflicht, läge ein rechtfertigungsbedürftiger Eingriff in die negative Meinungsfreiheit vor. Derartige Teilnahmepflichten gibt es im Hochschulbereich; vgl. § 7 Abs. 4 HG NRW: „Alle Mitglieder und Angehörigen der Hochschule haben die Pflicht, an Akkreditierung und Evaluation mitzuwirken.“ Die Dozenten müssen sich daher evaluieren lassen, die Studierenden an der Evaluation mitwirken.[57]

Hinsichtlich des „wie“ der Durchführung gibt es teils pflichtige Vorgaben, so etwa durch § 6 Abs. 2 EvalO Berlin: „Die Evaluation erfolgt in anonymisierter Form unter Nutzung eines automatisierten Datenverarbeitungssystems nach Vorgaben der Schulaufsichtsbehörde.“ Vielfach bestehen nur Empfehlungen, so z.B. in Brandenburg (oben D. II.).

### 2. Lehrerbewertung durch Schüler als Instrument der schulinternen und/oder schulexternen Evaluation? Wer erhält Kenntnis von den Ergebnissen?

Wenn Lehrerleistungen Gegenstand einer Schülerbefragung im Zusammenhang mit einer schulinternen oder schulexternen Evaluation sind, steigert sich die Gefahr, dass individuell zuzuordnende Ergebnisse Dritten bekannt werden. Im Grundsatz ist zwar

57 *Höfling*, WissR 41 (2008), 92 (100).

davon auszugehen, dass bei einer Evaluation der Schule es nicht nötig ist, Ergebnisse zu ermitteln, die sich einem einzelnen Lehrer zuordnen lassen. Dementsprechend enthalten die datenschutzrechtlichen Bestimmungen des Kultusministeriums BW folgende Klarstellung zum Umfang mit personenbezogenen Daten im Rahmen der Schulevaluation:[58] „Um bei der Selbst- und Fremdevaluation relevante Ergebnisse zu erzielen, ist es in der Regel nicht erforderlich, die gewonnenen Informationen bestimmten befragten Lehrkräften, Schülerinnen und Schülern … zuzuordnen oder Aussagen über Einzelpersonen zu treffen. Deshalb soll auch bereits der erste Schritt – die Erhebung der Daten – so erfolgen, dass keine Zuordnung zu bestimmten Personen möglich ist."

Eine zentrale Frage im Zusammenhang mit der Lehrerbewertung durch Schüler ist dennoch, wer von den Ergebnissen erfährt und diese nutzt. Eine klare Regelung hierzu trifft Berlin in § 6 Abs. 3 EvalO: „Nur die betroffenen Lehrkräfte haben Zugang zu den Evaluationsergebnissen in individualisierter Form." Selbstverständlich ist eine derartige restriktiv ausgestaltete Regelung nicht. So gibt es im Hochschulbereich teils eine Pflicht zur Weitergabe der Ergebnisse, vgl. z.B. § 5 Abs. 2 NdsHochschulG: „Den Studierenden ist es zu ermöglichen, die Qualität der Lehrveranstaltungen mindestens jährlich zu bewerten. Die Ergebnisse sind zu veröffentlichen und im Rahmen der Evaluation der Lehre zu berücksichtigen." Gemäß den Ordnungen der Hochschulen erhalten zumeist die Studiendekane, teils auch die Rektoren Kenntnis von den Ergebnissen.

Nur dann, wenn es eine hinreichend spezifizierte parlamentsgesetzliche Grundlage gibt, können Ergebnisse, die einen individuellen Bezug zu einzelnen Lehrern aufweisen, Dritten zugänglich gemacht werden, namentlich im Rahmen der internen oder externen Schulevaluation. Derartige Vorgaben können eine inhaltliche Legitimation in der Pflicht zur Schaffung eines leistungsfähigen Schulwesens finden, sind jedoch an den Verhältnismäßigkeitsgrundsatz gebunden.

Bleiben die gesetzlichen Vorgaben unklar, kennen z.B. nur eine allgemeine Pflicht zur Mitwirkung an schulinterner und schulexterner Evaluation, besteht keine Pflicht für den Lehrer zur Mitwirkung an Befragungen, die individualisierbar die eigene Person betreffen, wenn die Ergebnisse Dritten zugänglich gemacht werden.

Wenn die Anonymität der Schüler und Lehrer gewahrt ist, bedarf es keiner unmittelbaren parlamentarischen Regelung. Wegen der Daten- und Grundrechtssensibilität – eine latente Gefahr, dass personenbezogene Daten des einzelnen Lehrers an Dritte geraten, wird nicht von der Hand zu weisen sein – sollten die Vorkehrungen zur Wahrung der Anonymität jedoch durch eine Rechtsverordnung auf parlamentsgesetzlicher Grundlage festgelegt werden. Die alleinige Normierung im Schulprogramm reicht nicht.

58 Ministerium für Kultus, Jugend und Sport BW, Datenschutz an öffentlichen Schulen, Erlass vom 25.11.2009, Az. 11-0551.0/38, Nr. 3.2. (http://www.landesrecht-bw.de/jportal/?quelle=jlink&query=VVBW-KM-20091125-01-SF&psml=bsbawueprod.psml&max=true).

3. Relevanz der Ergebnisse der Lehrerbewertung durch Schüler für Besoldung und Beurteilung?

Sollten die Ergebnisse der Lehrerbewertung durch die Schüler Dritten zugänglich gemacht werden, stellt sich die Frage, ob sich das auf die dienstliche Beurteilung und womöglich die Besoldung des Lehrers auswirken kann. Klare Regelungen enthalten insoweit Berlin (§ 6 Abs. 3 EvalO) und Bayern (Art. 113c Abs. 3 S. 3 BayEUG), welche die Nutzung der Evaluationsergebnisse für andere Zwecke untersagen. Dieses Nutzungsverbot gilt auch, wenn hinreichend spezifizierte schulrechtliche Regelungen fehlen. Im Übrigen wäre eine gesetzliche Vorschrift, die eine Nutzung zum Zweck der dienstlichen Beurteilung oder der Festsetzung von Leistungszulagen o.Ä. zuließe, verfassungsrechtlich nicht unbedenklich, und zwar wegen der womöglich zu beschränkten Zuverlässigkeit und Aussagekraft der Ergebnisse. Es wurde bereits darauf hingewiesen, dass ein Eingriff in das Recht auf informationelle Selbstbestimmung mangels Eignung unzulässig ist, wenn es bei der Erhebung von Daten an einer ausreichende Richtigkeitsgewähr mangelt.[59] Im Hochschulbereich hat die Rechtsprechung allerdings es bereits unbeanstandet gelassen, wenn die Ergebnisse der Lehrevaluation zumindest flankierend herangezogen wurden, um nachteilige dienstrechtliche Entscheidungen zu begründen.[60]

## *E. Fazit*

Bei der Lehrerbewertung durch Schüler ist zwischen der außerschulischen Bewertung (z.B. durch private Internetportale) und der durch den Lehrer oder die Schule veranlassten innerschulischen Bewertung zu differenzieren. Bezogen auf die außerschulische Bewertung bietet die Spickmich-Rechtsprechung des BGH, selbst wenn diese nur einen Einzelfall betraf, einen gewissen Orientierungsrahmen. Lehrer müssen Bewertungen durch ihre Schüler auf privaten Portalen hinnehmen, insbesondere dann, wenn es sich um eine beschränkte Öffentlichkeit handelt. Etwas anderes gilt im Falle der Schmähkritik. Dann muss sich die Schule zudem schützend vor den betroffenen Lehrer stellen.

59 Oben bei Fn. 22. – Etwas anderes gilt, wenn sich der Schulleiter einen Eindruck von der Leistungsfähigkeit des Lehrers durch einen Unterrichtsbesuch verschafft: Dann erhält er – anders als bei der Schülerbefragung – einen *unmittelbaren* Eindruck, der zwar unvermeidlich subjektiv, aber insoweit „richtig" ist.

60 Siehe etwa VG Gießen, Urteil vom 25.8.2011 – 5 K 1979/10.GI, juris Rn. 29: keine Entfristung einer Professur im Beamtenverhältnis auf Zeit. – Kritisch aber *Höfling*, WissR 41 (2008), 92 (102): Eine sanktionsbewehrte Ausgestaltung der Lehrevaluation begegne erheblichen verfassungsrechtlichen Bedenken.

Bei der schulisch veranlassten Lehrerbewertung durch die Schüler können drei Konstellationen unterschieden werden: **(1)** Die Befragung erfolgt nur für Eigenzwecke des Lehrers (Eigenevaluation). Die Anonymität der teilnehmenden Schüler muss gewahrt bleiben. Wenn die Durchführung der Befragung für den Lehrer verpflichtend ist, ist eine Normierung mindestens durch Rechtsverordnung nach dem Beispiel von § 6 EvalO Berlin empfehlenswert. **(2)** Die Schülerbefragung wird für eine Evaluation der Schule genutzt (schulinterne oder -externe Evaluation). Ist die Anonymität des Lehrer und der Schüler gesichert, genügt eine Rechtsverordnung. Lassen die Ergebnisse einen Bezug zu einzelnen Lehrern erkennen, ist eine hinreichend spezifizierte parlamentsgesetzliche Regelung erforderlich. **(3)** Die auf den einzelnen Lehrer bezogenen Ergebnisse der Schülerbefragung werden durch Dritte genutzt, z.B. für die dienstliche Beurteilung des Lehrers oder die Bestimmung etwaiger Leistungszulagen. Wegen der erheblichen Auswirkungen auf die grundrechtliche und beamtenrechtliche Stellung des Lehrers sowie des verfassungsrechtlichen Alimentationsprinzips wäre dann eine parlamentsgesetzliche Grundlage nötig. Ob die Verwendung für Beurteilung und Besoldung materiell zulässig ist, hängt von der Zuverlässigkeit und Aussagekraft der Ergebnisse der Schülerbefragung ab.

# Lehrereinstellung: schulscharf und leistungsgerecht

*Klaus-Detlef Hanßen*[*]

A. Einleitung 57
B. Wer stellt ein? 58
C. Nach welchen Kriterien ist einzustellen? 60
D. Schulscharf und leistungsgerecht? Erfahrungsberichte und Ergebnisse wissenschaftlicher Begleituntersuchungen 61
E. Bestenauslese und Qualitätsentwicklung 63
I. Konstitutive Anforderungsprofile 65
II. Relative Bedeutung der Examensnoten 66
III. Strukturierte Auswahlgespräche und AC-Verfahren 66
F. Fazit 67

## *A. Einleitung*

In der Obersekunda, also in der 11. Klasse bei seinerzeit 13 Schuljahren, wurden wir sowohl in Mathe und Physik als auch in Deutsch von jungen, dynamischen Studienräten unterrichtet. Der erstgenannte wurde sehr bald zum Oberstudienrat befördert, der zweitgenannte nicht. Wir Schülerinnen und Schüler hätten es anders gemacht. Der Deutschlehrer stand bei uns eindeutig höher im Kurs. Die Frage war also: „Wieso der eine und nicht der andere"?

Es gab allerdings auch Lehrerinnen und Lehrer, deren persönliche, fachliche oder methodische Fähigkeiten unserer Meinung nach unterentwickelt waren, bei denen wir, um heute gängige Begriffe zu verwenden, Kompetenzen und Professionalität vermissten, und wir uns fragten: „Wer hat denn die oder den eingestellt"?

Dem entsprechend werde ich mich zunächst mit den Fragen „Wer stellt ein?" und „Nach welchen Kriterien wird eingestellt?" befassen. Ich werde dann auf Erfahrungsberichte und Ergebnisse wissenschaftlicher Begleituntersuchungen zur „schulscharfen Lehrereinstellung", auf Rechtsprechung zur „Bestenauslese" und auf die Bedeutung der schulischen Qualitätsentwicklung für die Einstellung von Lehrpersonen eingehen. Abschließen werde ich mit einem kurzen Fazit.

* Klaus-Detlef Hanßen, Universität Potsdam. Die Vortragsform wurde beibehalten.

## B. *Wer stellt ein?*

Zu meiner Schülerzeit war diese Frage einfach zu beantworten. In Schleswig-Holstein war es für die Gymnasien das Ministerium selbst. Auch heute sind es in der Regel staatliche Stellen, die über die Einstellung entscheiden. Dabei spielt es keine besondere Rolle, wer in der staatlichen Hierarchie zuständig ist. Selbst dort, wo Schulen Mitwirkungs- oder gar Entscheidungsrechte eingeräumt werden, haben Schulbehörden nach wie vor das letzte Wort.

Im öffentlichen Bereich sind Schulen in der Regel nicht rechtsfähige Anstalten des jeweiligen kommunalen Schulträgers. Die Einstellung von Lehrkräften liegt in der Hand staatlicher Stellen. Es gibt aber Ausnahmen. So sind In Berlin z.B. traditionell das Pestalozzi-Fröbel-Haus und der Lette-Verein in der Rechtsform der öffentlichrechtliche Stiftung Träger von Schulen. Die personellen Entscheidungen obliegen dem Kuratorium, dessen Vorsitz das zuständige Senatsmitglied führt und dem weitere Mitglieder des Senats und Persönlichkeiten angehören, die vom Abgeordnetenhaus gewählt werden[1].

In Schleswig-Holstein können Träger beruflicher Schulen gemäß § 100 des dortigen Schulgesetzes Regionale Berufsbildungszentren (RZB) als rechtsfähige Anstalten errichten. Schulaufsicht und RZB schließen Zielvereinbarungen, die RZB unterliegen aber weiterhin der staatlichen Rechts-, Fach- und Dienstaufsicht[2]. Auch § 6 Abs. 2 des Brandenburgischen Schulgesetzes räumt die Möglichkeit ein, dass Schulträger Schulen versuchsweise in einer abweichenden öffentlich-rechtlichen Organisationsform errichten[3]. Doch dazu ist es bislang nicht gekommen.

Ist es rechtlich zulässig, Schulen die Befugnis einzuräumen, eigenständig über die Einstellung von Lehrpersonen zu entscheiden? Diese Frage war 2004 Gegenstand einer Tagung der Arbeitsgruppe Bildungsrecht der DGBV und des damaligen Unterausschusses Schulrechts der KMK[4]. Diskutiert wurden als öffentlich-rechtliche Formen die bereits genannten, also rechtsfähige Stiftung und rechtsfähige Anstalt. Als denkbare privat-rechtliche Formen ging es um GmbH und Verein. Während öffentlichrechtliche Formen als zulässig angesehen wurden, wurde dieses für privatrechtliche Formen verneint[5].

Wegweisend sind zunächst einmal Entscheidungen des Bundesverfassungsgerichts. In der Entscheidung über die Verfassungsmäßigkeit des Schleswig-Holsteinischen Personalvertretungsgesetzes aus dem Jahre 1995 legte das Gericht strenge Maßstäbe

1 Gesetz über das Pestalozzi-Fröbel-Haus und den Lette Verein, http://beck-online.beck.de/... .

2 §§ 100.109, 125 des Schulgesetzes SH, http://www.gesetze-rechtsprechung.sh.juris.de/...; vgl. dazu auch Avenarius, Schulrecht, 8. Aufl. 2010, 269.

3 Brandenburgisches Schulgesetz, http://www.bravors.brandenburg.de/...

4 Die Beiträge sind erschienen in der ZBV 2/2004, ein ausführlicher Bericht von Jessica Lund findet sich in RdJB 2/2004, 263 ff.

5 So auch Avenarius, a.a.O., 269 f.

an, forderte die Letztentscheidung eines dem Parlament verantwortlichen Verwaltungsträgers und verwendete die griffige Formel von der erforderlichen „Legitimationskette“ vom Volk zu den mit der Wahrnehmung staatlicher Aufgaben betrauten Organen und Amtswaltern[6]. In der Entscheidung über die Verfassungsmäßigkeit nordrhein-westfälischer Wasserverbände aus dem Jahre 2002 entwickelte das Gericht ergänzend Kriterien für die Rechtmäßigkeit eigenständiger Wahrnehmung von Selbstverwaltungsrechten außerhalb der unmittelbaren Staatsverwaltung[7].

Sind die Grundsätze dieser Entscheidung auf Schulen übertragbar? Peter Unruh verneint die Frage und begründet dieses mit Art. 7 Abs. 1 GG. Schulen gehören seiner Meinung nach traditionell zur unmittelbaren Staatsverwaltung und unter dem Gesichtspunkt der Wesentlichkeit zur begrenzten Anzahl originärer Staatsaufgaben. Allerdings hält auch er das Konzept der Schule in erweiterter Verantwortung bei Fortbestehen der Rechts-, Fach- und Dienstaufsicht der Schulbehörden für rechtlich unbedenklich[8].

Avenarius dagegen bejaht die Frage. Würden die vom BVerfG für notwendig erachteten Maßgaben gewahrt, so könnten auch Schulen als rechtsfähige Anstalten des öffentlichen Rechts geführt werden. Diese Errichtung bedarf einer gesetzlichen Grundlage und muss Regelungen über die Organisationsstruktur enthalten, welche die betroffenen Interessen angemessen berücksichtigt und ausschließt, dass einzelne Interessen bevorzugt werden[9].

Was folgt daraus?

Entscheidungen der Schule über die Einstellung von Lehrpersonen sind unter den gegebenen rechtlichen Bedingungen unbedenklich. Dieses gilt auch für die genannten rechtsfähigen Organisationsformen. In Schleswig-Holstein unterliegen diese der uneingeschränkten staatlichen Aufsicht und die Kuratorien in Berlin können staatsnäher kaum sein. Die Wirkung der Übertragung von Einstellungsrechten auf die Schulen sind meines Wissens noch nicht eindeutig erforscht worden. Die von Avenarius aufgezeigten rechtlichen Möglichkeiten wurden bislang nicht ausgeschöpft. Ich selber stimme Martin Stock zu, wenn er „eine pädagogisch tatsächlich selbstständige, aber rechtlich unfreie und gewissermaßen subjektlose, „nichtrechtsfähige“ Schule“ nur für eine halbe Lösung hält[10]. Wünschenswert wäre es m.E., den Schulen die Möglichkeit zu geben, Teil der funktionalen Selbstverwaltung zu werden.

6 BVerfGE 93, 37 (70).
7 BVerfGE 107, 59 (91 ff.).
8 Unruh, „Schulautonomie“ und Demokratieprinzip – im Lichte der neueren Rechtsprechung des BVerfG, RdJB 4/2003, 466 (475 ff.).
9 Avenarius, Fn. 1, 267 ff.
10 Stock, Auf dem mühsamen Weg zur „Selbstständige Schule“ – ein Modellversuch in Nordrhein-Westfalen im Zeichen der PISA-Debatte, RdJB 4/2002, 468 (494).

## C. Nach welchen Kriterien ist einzustellen?

Auch diese Frage ist vordergründig einfach zu beantworten. Art. 33 Abs. 2 GG sagt: „Jeder Deutsche hat nach seiner Eignung, Befähigung und fachlichen Leistung gleichen Zugang zu jedem öffentlichen Amte". Dem entsprechend formulieren § 9 des Beamtenstatusgesetzes, die Landesbeamtengesetze und die Verwaltungsvorschriften, welche das Verfahren der Einstellungen näher regeln. Diese Vorschriften gelten nicht nur für zukünftige Beamte, sondern in gleicher Weise für Lehrpersonen, die als Angestellte eingestellt werden. Wann allerdings eine Bewerberin oder ein Bewerber besser geeignet, befähigt oder fachlich leistungsfähiger ist, bleibt dort weitgehend offen. Das zu bestimmen obliegt letztlich den für die Entscheidung zuständigen Stellen im Rahmen der Gesetze und des ihnen von den Gerichten zugebilligten Beurteilungsspielraums.

Jarass fasst die drei Tatbestandsmerkmale zunächst einmal in dem Begriff der „Eignung im weiteren Sinne" zusammen und erläutert sie, in dem er jeweils das BVerfG zitiert: Die Befähigung ziele auf „allgemein der Tätigkeit zugutekommende Fähigkeiten, u.a. auf Begabung, Allgemeinwissen, Lebenserfahrung und allgemeine Ausbildung". Fachliche Leistung bedeute „Fachwissen, Fachkönnen und Bewährung im Fach, also in den für das betreffende Amt relevanten Bereichen". Eignung im engeren Sinne erfasse „alle sonstigen geistigen, körperlichen, psychischen und charakterlichen Eigenschaften, die nicht bereits den Bereichen der Befähigung und fachlichen Leistungen zuzuordnen sind, etwa die Wahrung des Erscheinungsbildes des öffentlichen Dienstes in der Öffentlichkeit"[11].

Die erforderliche Befähigung ist gemäß § 7 Abs. 1 Nr. 3 BeamtStG landesrechtlich zu bestimmen. Voraussetzung für die Ernennung eines Beamten ist grundsätzlich, dass jemand die Laufbahnprüfung bestanden hat, im Falle der Einstellung in den Schuldienst also das Zweite Staatsexamen. Nur ausnahmsweise kann die Laufbahnbefähigung auf Grund von Lebens- oder Berufserfahrung in einem gesonderten Verfahren erworben werden. Im Bereich der Mangelfächer spielt diese Möglichkeit eine erhebliche Rolle.

Lassen Sie mich konkret werden. In Nordrhein-Westfalen ist das Einstellungsverfahren durch Erlass ausführlich geregelt[12]. Es werden die in Art. 33 Abs. 2 GG festgelegten Auswahlgrundsätze genannt und es wird ergänzend auf weitere zu beachtende gesetzliche Regelungen hingewiesen: Landesgleichstellungsgesetz, Landespersonalvertretungsgesetz, SGB IX (Berücksichtigung von Schwerbehinderungen und Beteiligung der Schwerbehindertenvertretung), Arbeitsplatzschutzgesetz, Zivildienstge-

11 Jarass/Pieroth, GG, Kommentar, 11. Aufl. 2011, Rn. 11 zu Art. 33 GG

12 Einstellung von Lehrerinnen und Lehrern in den öffentlichen Schuldienst des Landes Nordrhein-Westfalen, Erlass vom 09.08.2007, zuletzt geändert am 12.01.2012, http://www.schulministerium.nrw.de/BP/LEOTexte/Erlasse/Grundlagenerlass_Lehrereinstellung.pdf.

setz, Entwicklungsdienstgesetz und § 125 b BRRG (Zeitpunkt für die Feststellung des Grades der fachlichen Eignung). Die für das laufende Schuljahr geltenden näheren Festlegungen wurden durch Erlass vom 08.01.2012 getroffen[13].

Es werden Ausschreibungs- und Listenverfahren unterschieden. Das erstgenannte Verfahren ist unter dem volkstümlichen Begriff „schulscharfe" Ausschreibung bekannt. Für beide Verfahren werden Ordnungsgruppen gebildet und Bonifizierungen gewährt. Entscheidend sind die Ergebnisse der Ersten und der Zweiten Staatsprüfung. Unterrichtsstunden, die nach Bestehen der Zweiten Staatsprüfung erteilt werden, können die Einordnung der Bewerberinnen und Bewerber um bis zu acht Ordnungsgruppen verbessern[14].

Damit sind für beide Verfahren die wesentlichen Kriterien für eine leistungsgerechte Auswahl festgelegt. Im Ausschreibungsverfahren gibt jedoch die Schule den Ausschreibungstext vor, wobei sie das jeweilige Anforderungsprofil aufzunehmen hat. Die in der Schule gebildete Auswahlkommission kann von der Reihenfolge der Bewerberinnen und Bewerber nach der Ordnungsgruppenliste abweichen und zu einer individuellen schulbezogenen Einschätzung kommen. Sie bildet auch nach Abschluss des Verfahrens die Reihenfolge der Bewerberinnen und Bewerber.

In Schleswig-Holstein gelten „Hinweise zur Einstellung von Lehrkräften im schulbezogenen Einstellungsverfahren an allgemein bildenden Schulen"[15]. Im Anforderungsprofil können schulbezogene Anforderungen genannt werden, die sich „insbesondere aus dem jeweiligen Schulprofil ergeben". Klargestellt wird, dass es sich um Anforderungen handeln muss, die „durch nachweisliche Erfahrung oder geeignete Zertifikate belegt werden können" und die von erwünschten Neigungen oder der Bereitschaft zur Übernahme besonderer Aufgaben außerhalb des Fachunterrichts abzugrenzen sind. Die Prüfung des Ministeriums wird auf „beamten- bzw. tarifrechtliche Bedenken" beschränkt. Das klingt fast nach einer bloßen Rechtsaufsicht, was es aber wegen der klaren Regelung in § 125 des dortigen Schulgesetzes nicht ist.

## *D. Schulscharf und leistungsgerecht? Erfahrungsberichte und Ergebnisse wissenschaftlicher Begleituntersuchungen*

Was sagt die „generation open", die „liquid community" zum Thema? „krabappel" schreibt am 30.09.2011: *„Schulscharfe Ausschreibung ... genial: Schulprofil und Lehrer stimmen überein: alle glücklich!"*, aber „Illi-Noize" antwortet umgehend: *„Oder*

13 Einstellung von Lehrerinnen und Lehrern in der Zeit vom 2. Februar 2012 bis einschließlich 1. Februar 2012, http://www.schulministerium.nrw.de/BP/LEOTexte/Erlasse/Einstellungserlass_aktuell.pdf.

14 Um zwei Ordnungsgruppen bei mindestens 500 Unterrichtsstunden und um acht Ordnungsgruppen ab 1500 Unterrichtsstunden.

15 Hinweise zur Einstellung von Lehrkräften ..., www.schulrecht-sh.de/.

*man kommt dort nur hin, wenn Papi im gleichen Tennisclub wie der Schulleiter ist? Dieses System hat auch seine Nachteile".* Am 19.11.äußert sich dann „La Catrina": *„So einfach ist das mit den schulscharfen Stellen nicht – wenn es einen Mitbewerber auf dieselbe Stelle mit besseren Qualifikationen... gibt, muss er bevorzugt werden"*, aber „LatinaTeacharin" stellt klar, dass die Auswahlbegründung der Schule für die Stellenbesetzung ihre besondere Gültigkeit behält, *„so dass auch Kandidaten eingestellt werden können, die nicht die beste Note (im Vergleich aller Bewerber) haben"*[16].

Mit dem neuen Personalmanagement im Bereich der Personalrekrutierung befassen sich eingehend Bellenberg, Böttcher und Klemm[17]. Deren Untersuchung betrifft vorrangig die Entwicklung in Nordrhein-Westfalen und beschreibt in Auswertung von Erfahrungsberichten und eigenen Interviews mit Betroffenen Stärken und Schwächen der neuen Einstellungsverfahren.

Im Rahmen des Vortrags kann ich nur auf einige Aspekte eingehen. Beklagt wird, dass nach wie vor „die Gerichtsfestigkeit einen wesentlichen Teil der Entscheidungen bestimme" und nicht die Personalwünsche der Schule. Drastisch ausdrückt, es müsse „getrickst werden". Kritisch eingeschätzt wird die Orientierung an einem „eingeschränkten Leistungsbegriff, wie er sich in den Noten der Examina manifestiert". Alle teilen die Einschätzung, dass die Noten in den Staatsexamina nicht genügend über die Qualität der Lehrkraft aussagen. Beklagt wird gelegentlich der hohe Zeitaufwand für Schulleitungen, Fachkonferenzen und Auswahlkommissionen.

Insgesamt berichten die Autoren jedoch von einer „durchgehend positiven Beurteilung" des neuen Verfahrens.

Anders die Vorsitzende der GEW Baden-Württemberg, Doro Moritz. Sie kritisiert, dass die Schulleitungen für die anspruchsvolle Aufgabe keine Qualifizierung erhalten, beklagt fehlende Transparenz und stellt u.a. folgende Fragen:

- Richten Schulen ihr Profil auf ihre Anwärter/innen und Referendar/innen oder andere ihnen bereits bekannte Bewerber/innen aus?
- Wird bei Bewerberinnen mit Kind/ern mangelnde Flexibilität und Einsatzbereitschaft unterstellt?
- Wird niedriges Lebensalter vorgezogen?
- Wird langjährige Berufserfahrung nicht gewürdigt?

„Viel zu wenig", so schließt ihre kritische Betrachtung, „wird bei der Beschreibung der Profile die Frage gestellt, was die Stellenausschreibung zur Qualitätsentwicklung des Unterrichts an der Schule beitragen kann"[18].

16 Fundstelle: http://www.referendar.de/forum/viewtopic.php?f=6&t=23295.

17 Bellenberg/Böttcher/Klemm, Stärkung der Einzelschule. Neue Ansätze der Ressourcen Geld, Zeit und Personal, 2001.

18 Zu finden unter www.gew-bw.de/Schulbezogene_Stellenausschribungen.html#Section9341.

Gegen die Erprobung der Einstellung von Lehrpersonen durch die Schulen im Rahmen eines Modellvorhabens im Land Brandenburg hatten betroffene Personalräte geklagt. Ihr Argument war, dass die in der Schule an Stelle der Personalräte bei den Staatlichen Schulämtern beteiligten Lehrerräte weder organisatorisch noch inhaltlich in der Lage seien, die kollektiven Interessen zu wahren, der Personalrat verfüge über eine weitaus größere Sachkompetenz. Die Einwände der Personalräte an der Zulässigkeit der Übertragung der Einstellungsbefugnisse auf die Schulen wurden von den Gerichten nicht geteilt[19/20].

Der Zuwachs an personalrechtlichen Befugnissen wurde nach dem Ergebnisbericht der wissenschaftlichen Begleitung des Modellvorhabens „überwiegend positiv wahrgenommen“. Der Bericht spricht sich dafür aus, diese Möglichkeiten „an allen Schulen, die daran interessiert sind“, auszubauen[21]. Darin versteckt sich eine Botschaft, die meinen eigenen Beobachtungen entspricht, es gibt Schulen, die gar kein Interesse daran haben, sich die Einstellung von Lehrkräften aufzuladen.

## *E. Bestenauslese und Qualitätsentwicklung*

Grundlage jeder systematischen Personalentwicklung sind Anforderungsprofile. Das gilt für Stellenbeschreibung und Personalauswahl ebenso wie für andere Felder der Personalentwicklung. Anforderungsprofile, heißt es im Personalentwicklungskonzept des Bundesministeriums für Inneres,

- sind immer an den Aufgaben des jeweiligen Dienstpostens orientiert,
- müssen aktualisiert werden, wenn sich der Aufgabenzuschnitt verändert und
- müssen Aussagen zu den Bereichen Fachkompetenz, Methodenkompetenz und Sozialkompetenz treffen[22].

§ 6 Abs. 3 des Berliner Verwaltungsreform-Grundsätze-Gesetzes[23] bestimmt, dass die für den erfolgreichen Einsatz in einem Aufgabengebiet erforderlichen wesentlichen Fähigkeiten, Kenntnisse, Fertigkeiten und sonstigen Eigenschaften, auch soziale, interkulturelle und methodische Kompetenz, in einem Anforderungsprofil zusammengefasst werden. Der nordrhein-westfälische Grundlagenerlass[24] und die schleswig-

19 VG Potsdam, Beschl. v. 13.05.2004 – 21 L 1236/03.PVL, S. 3.
20 OVG Brandenburg, Beschl. v. 16.03.2005 – 6 A 474/04.PVL, S. 5.
21 DIPF (Hrsg.), Die Entwicklung zu selbstständigen Schulen im Land Brandenburg: Erfahrungen und Ergebnisse, 2007, S. 33 ff. und 116 f.
22 Personalentwicklungskonzept für das BMI, 2002, www.verwaltung-innovativ.de/ …
23 Drittes Gesetz zur Reform der Berliner Verwaltung vom 17.05.1999, in der Fassung vom 21.12.2005, http://www.berlin.de/imperia/md/content/verwaltungsmodernisierung/publikationen/vgg_fassung_2005.pdf?start&ts=1200056772&file=vgg_fassung_2005.pdf.
24 Fn. 13.

holsteinischen Hinweise[25] verlangen ebenfalls, wie bereits gesagt, dass in den Ausschreibungstext ein Anforderungsprofil aufzunehmen ist.

Was aber muss das Anforderungsprofil für Lehrpersonen umfassen?

„Im Mittelpunkt der Lehrerbildung in Deutschland steht nur sehr bedingt die Profession der Lehrperson oder der Unterricht als das „Kerngeschäft" des Berufs", heißt es bei Oelkers/Reusser[26]. In theoretischen Arbeiten wird die Bedeutung von Lehrerkompetenz für einen gelingenden Unterricht vielfach betont. Es liegen hierzu nur wenige empirische Befunde vor. Interessant in diesem Zusammenhang ist jedoch die vom Max-Planck-Institut für Bildungsforschung vorgelegte Studie COACTIV über die persönlichen Merkmale der Lehrkräfte und deren Voraussetzung für professionelles Handeln.

Unterschieden wurden Aspekte des Professionswissens, Überzeugungen, motivationale Orientierungen und selbstregulative Fähigkeiten. Untersucht wurde, inwieweit diese Merkmale eine Bedeutung für das unterrichtliche Handeln von Mathematiklehrkräften haben. Als Ergebnis wird u.a. festgehalten, dass sich (zumindest teilweise) „empirische Unterstützung findet für die Annahme, dass kognitive Aktivierung, Klassenführung und individuelle Unterstützung einen positiven Effekt auf die Entwicklung der mathematischen Kompetenz auf Schülerseite haben"[27]. Johannes König fasst Aspekte von Lehrerprofessionalität zusammen, nennt neben dem professionellen Wissen affektiv-motivationale Charakteristika wie Überzeugungen und Berufsmotivation[28].

Vorstellungen davon, was einen „guten Lehrer" ausmacht, haben eine empirische und eine normative Komponente[29]. In der KMK wurden Standards für Unterricht und Erziehung und Standards für die Lehrerbildung entwickelt. Fast alle Länder haben Texte veröffentlicht, die den Rahmen für Schulqualität beschreiben. So hebt z.B. der brandenburgische „Orientierungsrahmen Schulqualität" die Professionalität als ein bestimmtes Qualitätsmerkmal guter Schule hervor. „Die Motivation und Kompetenz der Lehrkräfte sowie deren Kooperationsbereitschaft und -fähigkeit, heißt es dort, beeinflussen die Qualität der entsprechenden Lern- und Lehrprogramme entscheidend. Dies gilt auch für ihr Zusammenwirken mit Schülerinnen und Schülern, Eltern, Betrieben und weiteren Einrichtungen sowie Personen"[30].

Die Hamburger Schulbehörde hat ein allgemeines Anforderungsprofil für Lehrpersonen aus Aufgabenbeschreibungen abgeleitet. Aufgabenbereiche sind Unterrichten, Erziehen, Beraten, Beurteilen und Schule entwickeln. Das Anforderungsprofil umfasst

25 Fn. 16.
26 Oelkers/Reusser, Qualität entwickeln – Standards sichern – mit Differenz umgehen, 2008, 287.
27 Hauptergebnisse der Studie COAKTIV, http://www.mpib-berlin.mpg.de/coactiv/studie/ergebnisse/index.html.
28 Vgl. König, Lehrerprofessionalität, http://www.dgls.de/download/category/4- tagungen.html?start=20.
29 So Heymann/Schmidt-Peters, Lehrerprofessionalität, http://www.uni-siegen.de/.
30 Orientierungsrahmen Schulqualität in Brandenburg, 2. Aufl. 2008, www.mbjs.brandenburg.de/.

die Merkmale Empathie und Motivation, Bereitschaft/Fähigkeit zu Innovation und Flexibilität, Bereitschaft/Fähigkeit zu Reflexion, Selbstmanagement und Organisationsfähigkeit, kommunikative Kompetenz, Team- und Kooperationsfähigkeit sowie Konfliktfähigkeit[31].

Welche Konsequenzen aber hat das für die Einstellungspraxis der Schulen? Ich versuche, meine Antwort nach Fallgruppen zu systematisieren:

## I. Konstitutive Anforderungsprofile

In einem vom Bundesverwaltungsgericht entschiedenen Verfahren ging es um eine im Anforderungsprofil geforderte „Bewährung in Führungspositionen". Die Klägerin konnte diese nachweisen, der ausgewählte Konkurrent nicht. Das Gericht führte aus, dass das besondere Merkmal der Bewährung konstitutiv sei und gab der Klägerin Recht[32].

Ein konstitutives Merkmal beschränkt nicht die Maßstäbe des Leistungsprinzips, sondern den ihnen unterfallenden Bewerberkreis. Wer es nicht erfüllt, kommt für die Auswahl nicht in Betracht. Ein solches Merkmal darf aber nicht willkürlich festgelegt werden. Die öffentliche Verwaltung ist bei der Bestimmung des Anforderungsprofils an gesetzliche Vorgaben gebunden. Die Einengung des Kreises der nach Eignung, Befähigung und fachlicher Leistung zu vergleichenden Bewerber um ein öffentliches Amt darf nur auf Grund sachlicher Erwägungen erfolgen, so das BVerfG[33].

Die bereits zitierten schleswig-holsteinischen Hinweise nennen als konstitutive Anforderungskriterien beispielhaft Deutsch als Fremdsprache, bilingualer Unterricht, Zertifikat als Ausbildungslehrkraft und näher zu bezeichnende Sportlehrbefähigung.

Eine Schule mit besonderer fachlicher oder pädagogischer Prägung ist auf Lehrkräfte mit entsprechenden Qualifikationen angewiesen. So wird eine Montessori-Schule unabhängig von deren Examensnoten keine Bewerberin auswählen, die weder Kenntnis des besonderen pädagogischen Profils der Schule hat, noch bereit ist, sich darauf einzulassen. Gleiches gilt für eine Sportschule, die wegen der besonderen Aufgaben der Schule Lehrpersonen mit Trainerlizenz, sogenannte „Lehrertrainer", sucht.

Die Ausschreibung darf aber nicht lediglich davon sprechen, dass besondere Kenntnisse oder die Lizenz „wünschenswert" seien. Damit würde sich die Schule der Möglichkeit begeben, den Kreis der Bewerbungen rechtlich einwandfrei einzugrenzen. Ein solcher „Wunsch" könnte dann lediglich als Hilfskriterium bei gleicher Eignung Bedeutung erlangen.

31 Musterbeschreibung „Aufgabenbeschreibung und Anforderungsprofil für Lehrkräfte", www.hamburg.de.
32 BVerwG, NVwZ-RR 2002,47 f.
33 BVerfG, NVwZ 2008, 69.

## II. Relative Bedeutung der Examensnoten

Bei aller Bedeutung der Examensnoten ist es doch unstreitig, dass andere Eignungsmerkmalen die Rangfolge beeinflussen können. Dafür klare Entscheidungshilfen zu geben, ist schwierig, weil es auf den Einzelfall ankommt. Die Kommentarliteratur reiht Entscheidung an Entscheidung. Anerkannt ist aber, dass z.B. unmittelbar leistungsbezogene Kriterien wie ältere Beurteilungen einschlägig sind. Als Faustformel wird gesagt, dass Examensnoten bis zu einer Notenstufe ausgeglichen werden können[34]. In welcher Rangfolge aber einschlägige Leistungsnachweise zueinander stehen und welche Wirkung sie im Einzelnen entfalten, wird je nach konkreter Fallgestaltung zu entscheiden sein[35].

## III. Strukturierte Auswahlgespräche und AC-Verfahren

Welche Rolle spielen strukturierte Auswahlgespräche und Assessmentcenter-Verfahren? Die dort erzielten Ergebnisse dürfen nach der Rechtsprechung grundsätzlich nur ergänzend herangezogen werden. Die Verfahren werden als „untergeordnete Hilfskriterien" und als „Momentaufnahme" bezeichnet, die zwangsläufig nur einen Teil der Anforderungen des neuen Amtes abdecken[36]. Bei gleicher Eignung der Bewerber können die Ergebnisse dennoch Bedeutung erlangen[37]. In einem Streitverfahren vor dem OVG Rheinland-Pfalz war die Einstellungsbehörde der Auffassung, dass zwei Konkurrenten hinsichtlich ihrer bislang erbrachten Leistungen im Wesentlichen gleich zu beurteilen seien. Das Gericht folgte dem und billigte, dass in diesem Fall nach den Ergebnissen einer Potenzialanalyse, eines Fachvortrags und eines strukturierten Fachgesprächs entschieden wurde[38]. Überträgt man diese Entscheidung auf Auswahlverfahren für die Schule, so wird die Bedeutung klar strukturierter Gespräche oder Verfahren deutlich. Dabei sollten die anerkannten schulischen Qualitätskriterien eine wichtige Rolle spielen.

Ergänzend sei darauf hingewiesen, dass Folgendes zu beachten ist:

Das in der Stellenausschreibung enthaltene Anforderungsprofil darf während des Ausschreibungsverfahrens nicht durch zusätzliche oder abweichende Qualifikationserfordernisse verändert werden. Fehler im Anforderungsprofil führen grundsätzlich zur Fehlerhaftigkeit des Auswahlverfahrens[39]. Die Entscheidung der Auswahlkom-

34 Vgl.OVG Rheinland-Pfalz, RiA 2008, 31.
35 Ausführlich dazu Wichmann/Langer, Öffentliches Dienstrecht, 6. Aufl. 2007, Rn. 132.
36 OVG Weimar, NVwZ-RR 2004, 52 ff., vgl. auch Reich, a.a.O., Rn. 4.
37 OVG Lüneburg, NVwZ-RR 2007, 540.
38 OVG Rheinland-Pfalz, RiA 2008, 31(32), vgl. auch Reich, Fn. 13, Rn. 6 zu § 9.
39 BVerfG, NVwZ 2008, 69, vgl. auch Reich, Fn. 13, Rn. 6 zu § 9.

mission oder der zuständigen Stelle ist hinreichend differenziert zu begründen und zu protokollieren, „gerichtsfest", wie es im Grundlagenerlass[40] heißt.

## *F. Fazit*

Die in der Kultusministerkonferenz abgestimmten Festlegungen zur Qualitätssicherung und Qualitätsentwicklung in ihrer jeweiligen Umsetzung in Landesrecht sollten nicht nur den Maßstab für Unterricht und Erziehung, Lehrerausbildung und Lehramtsprüfungen geben, sondern auch für Einstellungsentscheidungen. Bei konsequenter Anwendung dieser Maßstäbe wird sich nicht nur die Aussagekraft der Prüfungsnoten, sondern auch die Akzeptanz der Auswahlentscheidungen verbessern.

Anforderungsprofile beschreiben die auf einem Dienstposten zu erfüllenden Aufgaben. Sie können zulässige über die Lehramtsbefähigung hinausgehende schulbezogene oder schulamtsbezogene Anforderungen nennen und so die Möglichkeit schaffen, schulscharf und leistungsgerecht auszuwählen. Handelt es sich um konstitutive Anforderungsprofile, kann der Kreis der nach Eignung, Befähigung und fachlicher Leistung zu vergleichenden Bewerber/innen begrenzt werden. Dabei wird der Grundsatz der Bestenauslese nicht berührt. Handelt es sich lediglich um beschreibende Anforderungsprofile, so sollte bei gleicher Eignung das Ergebnis strukturierter Bewerbungsgespräche oder von Assessmentcenter-Verfahren den Ausschlag für eine Bewerberin oder einen Bewerber geben.

Der von betroffenen Schulleitungsmitgliedern beklagte Umstand, dass sich das Einstellungsverfahren am Kriterium der Gerichtsfestigkeit und nicht am Kriterium der Qualität orientiere, sollte ernst genommen werden. Dass nach wie vor „getrickst" wird, um formale Korrektheit und informelle Absprache in Einklang zu bringen, beschädigt das Verfahren, das Eignung, Fähigkeit und fachliche Leistung zum Maßstab für sachgerechte Auswahlentscheidungen macht. Universitäten und Ministerien müssen Ausbildung und Prüfung angehender Lehrpersonen mit den wissenschaftlich anerkannten und politisch abgestimmten Qualitätskriterien in Einklang bringen. Schulen müssen ihre besondere Prägung und ihr Profil klar bestimmen und zum Maßstab ihrer Auswahlentscheidungen machen.

Es spricht dann m.E. viel dafür, die Entscheidung über die Einstellung der Lehrpersonen den Schulen zu überlassen. Sache der Schulbehörden bleibt es, auf eine landesweit gleichmäßige Versorgung und rechtlich einwandfreie Verfahren zu achten.

40 Fn. 13.

# Rechtsstellung der Lehrer an Schulen in freier Trägerschaft

*Anja Surwehme**

A. Grundsätzliches 69
B. Gesetzliche Grundlagen 70
C. Rechtsverhältnis zwischen Schulträger und Lehrer 71
I. Das Arbeitsverhältnis – die wirtschaftliche Sicherung 71
II. Ausgestaltung des privatrechtlichen Rechtsverhältnisses – die rechtliche Sicherung 73
D. Rechtsverhältnis zwischen Schulträger und Land – Erteilung der Unterrichtsgenehmigung 74
E. Zusammenfassung 76

## *A. Grundsätzliches*

Gestatten Sie mir zunächst einige einleitende grundsätzliche Worte zu den Schulen in freier Trägerschaft und ihrer Bedeutung in der Schullandschaft: Die Schulen in freier Trägerschaft stellen einen bedeutenden Teil der Schullandschaft in Deutschland dar. Der Anteil der Schülerinnen und Schüler, die an allgemeinbildenden Schulen in freier Trägerschaft unterrichtet werden, betrug im Schuljahr 2010/2011 8,2 Prozent.[1] Das sind immerhin fast 720.000 Schülerinnen und Schüler. Nimmt man die berufsbildenden Schulen hinzu, liegt der Anteil der Schülerinnen und Schüler an Privatschulen sogar bei 9 %.

Wichtig sind aber nicht nur diese Zahlen, sondern insbesondere, dass die Schulen in freier Trägerschaft mit ihren besonderen pädagogischen Ansätzen in den vergangenen Jahrzehnten oftmals den Anlass für Reformen auch im Bereich des öffentlichen Schulwesens gegeben haben. Die Schulen in freier Trägerschaft sollten daher nicht als separate abgegrenzte Institutionen gesehen werden, sondern die Schulen in freier und öffentlicher Trägerschaft stets als Gesamtgefüge der Schullandschaft betrachtet werden.

Die Rechtsstellung von Lehrern an Schulen in freier Trägerschaft unterscheidet sich grundsätzlich von der Rechtsstellung der Lehrkräfte an öffentlichen Schulen. Ein entscheidender Punkt ist, dass eine Verbeamtung der Lehrer bei Haupttätigkeit an Schulen in freier Trägerschaft nicht vorgesehen ist. Selbst in den Bundesländern, die ein be-

* Anja Surwehme, Rechtsanwältin, Kanzlei Barkhoff und Partner, Bochum. Die Vortragsform wurde beibehalten.

1 Statistisches Bundesamt: https://www.destatis.de/DE/ZahlenFakten/GesellschaftStaat/BildungForschungKultur/Schulen/Tabellen/SchuelerPrivatenSchulen.html.

amtenähnliches Beschäftigungsverhältnis vorsehen, bleibt es dabei, dass die Lehrkräfte allein Angestellte des Schulträgers bleiben und das Arbeitsverhältnis sich nach privatrechtlichen bzw. arbeitsrechtlichen Regelungen bestimmt. Arbeitgeber ist der private Schulträger.

Für die Thematik Rechtsstellung von Lehrern an Schulen in freier Trägerschaft müssen zwei grundlegende Rechtsverhältnisse unterschieden werden:

Das Rechtsverhältnis zwischen Schulträger und Lehrer (Stichwort Arbeitsverhältnis) und das Rechtverhältnis zwischen Schulträger und Land (Stichwort Unterrichtsgenehmigung). Es ist zu unterscheiden: Privatrecht und öffentliches Recht. Beide Rechtsverhältnisse nehmen Einfluss auf die Rechtsstellung des Lehrers.

## *B. Gesetzliche Grundlagen*

Lassen Sie mich kurz auf die gesetzlichen Grundlagen eingehen: Die rechtliche Basis der Schulgesetzgebung für die Schulen in freier Trägerschaft findet sich in Art. 7 Abs. 4 GG.

Nach Art. 7 Abs. 1 GG steht das gesamte Schulwesen unter der Aufsicht des Staates. Das betrifft sowohl die öffentlichen als auch die privaten Schulen.

Art. 7 Abs. 4 GG gewährleistet das Recht zur Errichtung der Privatschulen. Sofern diese Ersatz für öffentliche Schulen sind, bedürfen sie der Genehmigung des Staates und unterstehen den Landesgesetzen. Aufgrund dieser Regelung ist das Schulwesen, beispielsweise die Erteilung der Genehmigung für die Errichtung einer privaten Schule, die Finanzhilfen und die Erteilung von Unterrichtsgenehmigungen, nicht bundeseinheitlich geregelt, sondern von Bundesland zu Bundesland unterschiedlich. Allerdings definiert Art. 7 Abs. 4 S. 3 und 4 GG einheitliche Voraussetzungen für die Erteilung der Genehmigung einer Schule in freier Trägerschaft. Hiernach ist die Genehmigung zwingend zu erteilen, wenn die Schule in freier Trägerschaft

- in ihren Lehrzielen
- in ihren Einrichtungen
- sowie in der wissenschaftlichen Ausbildung ihrer Lehrkräfte nicht hinter den öffentlichen Schulen zurücksteht und
- eine Sonderung der Schüler nach den Besitzverhältnissen der Eltern nicht gefördert wird.

Darüber hinaus ist erforderlich, dass

- die wirtschaftliche
- und die rechtliche Stellung der Lehrkräfte genügend gesichert ist.

Für den Erhalt einer Schulgenehmigung und damit für die Schulträger von wesentlicher Bedeutung sind daher die wissenschaftliche Ausbildung, sowie die wirtschaftliche und rechtliche Stellung der Lehrer. Neben dem privatrechtlichen Vertragsverhältnis zwischen Schulträger und Lehrkraft erfolgt aufgrund der grundgesetzlichen Vorgaben eine Prägung der Rechtsstellung der Lehrer an Schulen in freier Trägerschaft.

## *C. Rechtsverhältnis zwischen Schulträger und Lehrer*

Ich gehe zunächst auf das Rechtsverhältnis des Schulträgers zu den Lehrkräften ein. Die Personalhoheit liegt beim Schulträger.

These: Es gilt für die privaten Schulträger die Balance zu halten zwischen der Finanzierbarkeit des Personals, dem Sonderungsverbot und der Angemessenheit der Vergütung für die Lehrkraft.

### I. Das Arbeitsverhältnis – die wirtschaftliche Sicherung

Jeder Träger einer Privatschule kann und muss in eigener Verantwortung über die Beschäftigung von Lehrkräften entscheiden. Es handelt sich im Grundsatz um einen rein privatrechtlichen Arbeitsvertrag. Allerdings ist der private Schulträger nur insoweit frei in der Gestaltung der Arbeitsverträge, als die Voraussetzungen des Art. 7 Abs. 4 GG, wonach die wirtschaftliche und rechtliche Stellung der Lehrer gesichert sein muss, eingehalten sind. Zwar unterliegt es seiner Privatautonomie, von den Vorgaben des Art. 7 Abs. 4 GG abzuweichen, dann erhält er allerdings keine Schulgenehmigung und kann seine Tätigkeit nicht ausüben.

Wann eine wirtschaftliche Sicherung des Lehrers vorliegt, ist länderintern unterschiedlich geregelt und Gegenstand mehrerer Gerichtsentscheidungen gewesen.

Eine grundsätzliche Entscheidung hierzu traf das Bundesarbeitsgericht am 26.04.2006.[2] Das Bundesarbeitsgericht setzt sich in seiner Entscheidung mit der Frage der Sittenwidrigkeit der Bezahlung eines Lehrers an einer Schule in freier Trägerschaft auseinander. Dabei setzt das Bundesarbeitsgericht die Sittenwidrigkeit mit den Vorgaben aus Art. 7 Abs. 4 S. 4 GG gleich. Soweit eine wirtschaftliche Sicherung nicht gewährleistet ist, sei die Vergütung zugleich sittenwidrig. In vielen Ausführungsgesetzen der Länder – so auch in der streitgegenständlichen Regelung – wird der Begriff der wirtschaftlichen Sicherung dahingehend ausgefüllt, dass die Vergütung nicht wesentlich hinter der eines vergleichbaren angestellten Lehrers im öffentlichen Schuldienst zurückbleiben darf. Hierzu sind in den einzelnen Ländern unterschiedliche starre Zahlen für die Begrifflichkeit *„wesentliche Abweichung"* vorgesehen. Die Landesre-

2 BAG Urteil vom 26.04.2006, Az.: 5 AZR 549/05.

gelung im streitgegenständlichen Fall sah vor, dass der Lehrer an der Schule in freier Trägerschaft mindestens 75% des Gehaltes eines Lehrers an einer vergleichbaren öffentlichen Schule erhalten muss. Die Vergütung des betroffenen Lehrers lag tatsächlich darunter. Daraus folgerte das Bundesarbeitsgericht nicht nur, dass die Bezahlung gegen das Landesgesetz verstieß, sondern zugleich auch sittenwidrig sei.

Das Urteil ist allerdings auf vielfache Kritik gestoßen, weil die vom BAG vorgenommene Gleichsetzung von Art. 7 Abs. 4 S. 4 GG und § 138 BGB der unterschiedlichen Zweckrichtungen der Normen widerspricht. § 138 BGB dient dem Schutz des einzelnen Lehrers, Art. 7 Abs. 4 GG jedoch dem Schutz der Allgemeinheit, mit der Zielrichtung einen funktionsfähigen Schulbetrieb zu gewährleisten.

Weiter wird kritisiert, dass hierdurch das Spannungsverhältnis zwischen der Gleichwertigkeit der Vergütung der Lehrkräfte auf der einen Seite und dem Sonderungsverbot auf der anderen Seite nicht hinreichend berücksichtigt ist. Denn wenn der private Schulträger zu einer zu hohen Vergütung anhand starrer Prozentwerte verpflichtet ist, so kann er den Personalaufwand nicht finanzieren, ohne das Schulgeld auf einen Betrag festzulegen, welcher es nicht allen Schülerinnen und Schülern ermöglichen würde, die Schule zu besuchen. Denn trotz der Refinanzierung von Seiten der Länder, verbleibt es bei der Bezahlung des Lehrpersonals stets bei dem vom Schulträger aufzubringenden Eigenanteil. Dabei ist es selbstverständlich von Seiten der Schulen in freier Trägerschaft das Bestreben, die Lehrkräfte möglichst gut zu vergüten, aufgrund der Begrenzung der Refinanzierung sind diesem Wunsch allerdings Grenzen gesetzt. Die Grenze der Sittenwidrigkeit dürfte jedoch dann überschritten sein, wenn ein hauptamtlicher Lehrer an einer Schule in freier Trägerschaft seinen Lebensunterhalt aus der Vergütung nicht bestreiten kann und dadurch gezwungen wäre, eine Nebentätigkeit aufzunehmen.

Da Lehrer an Schulen in freier Trägerschaft keine Beamten sein können, ist die Vergleichsgruppe hinsichtlich der Vergütung die Gruppe der angestellten Lehrer an öffentlichen Schulen. Die Lehrer an Schulen in freier Trägerschaft werden maximal in Höhe eines vergleichbaren angestellten Lehrers im öffentlichen Schuldienst vergütet. Unter Einbeziehung der verbeamteten Lehrkräfte kommt es tatsächlich zu einer geringeren Vergütung der Lehrkräfte an Schulen in freier Trägerschaft. Dies kann in Zeiten des Lehrermangels für die Schulen in freier Trägerschaft durchaus problematische Auswirkungen haben.

Die Sicherung der wirtschaftlichen Stellung der Lehrkräfte an Schulen in freier Trägerschaft ist von den privaten Schulträgern von Gesetzes wegen zu beachten. Die Nichtbeachtung führt aber nicht automatisch zur Sittenwidrigkeit der Vergütung und damit zur Nichtigkeit des privatrechtlichen Arbeitsvertrages, sondern kann sich nur auf die Erteilung der Schulgenehmigung und damit öffentlich-rechtlich auswirken.

## II. Ausgestaltung des privatrechtlichen Rechtsverhältnisses – die rechtliche Sicherung

Im Rahmen der Personalhoheit des Schulträgers bestehen bei der Ausgestaltung des privatrechtlichen Rechtsverhältnisses unter Gewährleistung der Sicherung der rechtlichen Stellung der Lehrkraft verschiedene Möglichkeiten:

Der Regelfall ist die Begründung eines Arbeitsverhältnisses. Der Schulträger schließt mit dem Lehrer einen Arbeitsvertrag nach den Vorschriften des BGB bzw. arbeitsrechtlichen Vorschriften. Im Regelfall mit Entlohnung vergleichbar dem öffentlichen Tarifvertrag wie ein angestellter Lehrer im öffentlichen Schuldienst. Die Lehrer an Schulen in freier Trägerschaft sind weisungsgebunden gegenüber ihrem Arbeitsgeber und nach den gesetzlichen Vorschriften kündbar.

Denkbar ist auch der Abschluss von Honorarverträgen auf der Basis freier Mitarbeiter. Dieser Rechtsgestaltung sind allerdings Grenzen gesetzt, da hierdurch die Sicherung der rechtlichen Stellung der Lehrkraft nicht gewährleistet ist. Dies gilt jedenfalls bei hauptamtlichen Lehrkräften.

Einleitend zu diesem Bereich hatte ich gesagt, eine Verbeamtung von Lehrern an Schulen in freier Trägerschaft sei nicht vorgesehen. Um dieser Ungleichbehandlung und der damit einhergehenden geringeren Entlohnung der Lehrkräfte an Schulen in freier Trägerschaft im Vergleich zu Lehrkräften an öffentlichen Schulen zu Gunsten der betroffenen Lehrer Rechnung zu tragen, gibt es Besonderheiten in den Ländern. In NRW regelt § 102 SchulG die Planstelleninhaberschaft, eine beamtenähnlichen Rechtsstellung. In der Gesetzesbegründung hieß es, dass mit der Einführung den Lehrern an Schulen in freier Trägerschaft die Möglichkeit gegeben werde solle, eine annähernd gleiche Bezahlung und rechtliche Stellung wie verbeamtete Lehrer zu erhalten. Heute wird von den Planstellenverträgen immer weniger Gebrauch gemacht, da diese für die Schulträger eine große finanzielle Belastung darstellen. Denn auf Seiten der Schule bleibt stets der Anteil der Trägereigenleistung (in NRW zwischen 6 und 13%) bestehen. Dies gilt bei Planstelleninhaberverträgen insbesondere auch nach Beendigung der aktiven Arbeitszeit des Lehrers fort. Nicht unproblematisch ist auch, die starren beamtenähnlichen Regelungen auf das andersartige System der Schulen in freier Trägerschaft zu übertragen.

Viele Waldorfschulen haben bei der internen Regelung der Vergütung das Modell von Haustarifen gewählt. Dieses beinhaltet, dass die Schulen in freier Trägerschaft sich eine eigene Gehaltsordnung geben, nach welcher intern eine von der Refinanzierung abweichende Verteilung der Gehälter erfolgt. Dadurch sollen soziale Gesichtspunkte stärker berücksichtigt werden können, als dies beim TV-L der Fall ist. Ende 2006 (am 12.12.2006) hat das Bundesarbeitsgericht bestätigt, dass die Regelung der Gehaltsverteilung rechtmäßig ist, da es für die vertraglichen Regelungen zwischen dem

Schulträger und der Lehrkraft unerheblich sei, auf welche Weise der Schulträger sich refinanziert.[3]

Festzuhalten bleibt insoweit, dass die privatrechtliche Ausgestaltung in Form eines Arbeitsvertrages zwischen Lehrer und Schulträger erfolgt, der sich im Rahmen der Privatautonomie nach den Vorschriften des BGB bzw. weiteren arbeitsrechtlichen Vorschriften zu richten hat. Durch die Grenzen des Grundgesetzes, insbesondere des Art. 7 Abs. 4 S. 3 GG ist jedoch faktisch die Privatautonomie des Schulträgers bei der Gestaltung der Arbeitsverträge durch die Vorgaben zur rechtlichen und wirtschaftlichen Sicherung der Lehrkräfte eingeschränkt.

Eine weitere Einschränkung erfährt die Gestaltungsfreiheit auch durch die Refinanzierungsregelungen der Länder. Abzuwägen sind hier die Finanzierbarkeit für den Schulträger unter Beachtung des Sonderungsverbotes und der Angemessenheit der Vergütung für die Lehrkraft.

## *D. Rechtsverhältnis zwischen Schulträger und Land – Erteilung der Unterrichtsgenehmigung*

Um an der Schule in freier Trägerschaft unterrichten zu können, benötigt der Lehrer neben dem privatrechtlichen Arbeitsvertrag mit dem Schulträger in den meisten Bundesländern auch eine Unterrichtsgenehmigung. Diese wird erteilt, wenn die Voraussetzungen des Art. 7 Abs. 4 S. 3 GG vorliegen. Also, wenn die Lehrkraft in ihrer wissenschaftlichen Ausbildung nicht hinter der Ausbildung einer an der öffentlichen Schule tätigen Lehrkraft zurücksteht.

These: Der Gesetzgeber überträgt den Ländern durch den Vorbehalt der Unterrichtsgenehmigung einen wesentlichen Einfluss auf die Gestaltung des Rechtsverhältnisses zwischen Schulträger und Lehrer und damit auch auf die Ausübung der Pädagogik. Wenn ein ausnahmsloser Genehmigungsvorbehalt besteht, führt dies faktisch zu einer Entmündigung der privaten Schulträger.

Das Grundgesetz definiert Voraussetzungen für die Ausbildung und Stellung der Lehrkräfte. Anhand dieser Voraussetzungen regeln die einzelnen Bundesländer die Genehmigung der Schule in freier Trägerschaft.

Da das Grundgesetz die Landesgesetzgeber zur Regelung des Schulwesens ermächtigt, bestehen in den einzelnen Bundesländern sehr unterschiedliche Regelungen bezüglich der Ausbildung und Stellung von Lehrkräften und bezüglich der Erteilung der Unterrichtsgenehmigungen.

In den meisten Bundesländern ist die Erteilung der Unterrichtsgenehmigung zwingende Voraussetzung für die Tätigkeit der Lehrkräfte an Schulen in freier Trägerschaft.

3 BAG, Beschluss vom 12.12.2006, 3 AZN 57/06.

In den Ländern, in denen kein Genehmigungsvorbehalt besteht, ist nach den jeweiligen Landesgesetzen für die Genehmigung der Schulen lediglich der Nachweis der Qualifikation der Lehrkräfte erforderlich. Im späteren Verlauf ist nur eine Anzeige an die Schulaufsichtsbehörde erforderlich, wenn sich Veränderungen im Lehrkörper ergeben, also bei Neueinstellungen. Falls eine Lehrkraft die erforderlichen Qualifikationen nicht aufweist, kann die Schulaufsichtsbehörde ggfs. die Schulgenehmigung entziehen. Selbst wenn daher keine Unterrichtsgenehmigung für die Tätigkeit einer Lehrkraft nach Landesrecht erforderlich ist, ist auch in diesen Ländern bei fehlender Qualifikation einer Lehrkraft die Untersagung des Unterrichtseinsatzes möglich. Der Einsatz der Lehrkräfte durch die Schule ist daher auch in diesen Ländern nicht ohne jede staatliche Kontrolle möglich.

Die Frage nach Sinn und Unsinn der Unterrichtsgenehmigungen hat ihre Berechtigung: Für die „Qualitätskontrolle" der Schulaufsichtsbehörden und die damit verbundene Regulierungsbefugnis spricht die dadurch gewährleistete Sicherheit der qualifizierten und den Anforderungen an das öffentliche Schulwesen entsprechende Ausbildung der Lehrer an Schulen in freier Trägerschaft. Gegen diese Kontrollbefugnis spricht die besondere Ausgestaltung der Schule in freier Trägerschaft. Eine atypische Ausbildung des Lehrers kann dabei gerade Ziel sein, um dem besonderen pädagogischem Interesse, der besonderen Prägung der Pädagogik Rechnung zu tragen. Wird ausnahmslos eine Genehmigung zur Voraussetzung des Einsatzes als Lehrer, führt dies zur Entmündigung des privaten Schulträgers. Warum sollte es nicht den Schulen in freier Trägerschaft überlassen sein, unter Beachtung der grundgesetzlichen Vorschriften den Einsatz der Lehrkräfte in ihrer Schule autonom zu regeln? Die Sicherheit einer qualifizierten und auf den Bedarf der Schule in freier Trägerschaft ausgerichteten Ausbildung der Lehrkräfte steht bereits im eigenen Interesse der Schule. Daher ist fraglich, inwieweit hierzu die staatliche Aufsicht notwendig ist. Insbesondere für die reformpädagogischen Schulen in freier Trägerschaft ist die selbstbestimmte Auswahl der Lehrkräfte ein elementarer Teil ihrer Pädagogik.

Alle Länderregelungen füllen die verfassungsrechtliche Regelung aus, dass die Schulen in freier Trägerschaft *„in der wissenschaftlichen Ausbildung ihrer Lehrkräfte nicht hinter den öffentlichen Schulen zurückstehen"* dürfen. Die Auslegung des Begriffes wissenschaftliche Ausbildung wird heute in drei Stufen eingeteilt. Wissenschaftlich bedeutet danach zum einen die Hochschulausbildung, umfasst daneben auch fachliche und pädagogische Aspekte.

Problematisch ist hier jedenfalls, wenn die einzelnen Länder zusätzliche Voraussetzungen, wie z.B. „persönliche Zuverlässigkeit" in ihren Ländergesetzen hinzufügen. Solche Regelungen gehen über den abschließenden Regelungscharakter des Art. 7 Abs. 4 GG hinaus und sind damit grundgesetzwidrig.

Hierzu möchte ich ein kleines Beispiel aus NRW anbringen: Das Land NRW hatte verlangt, dass die Schulleitung auch an Schulen in freier Trägerschaft aus nur einer

Person besteht. Eine Schule in freier Trägerschaft hatte zwei Personen gemeinsam die Schulleitung übertragen, um dem besonderen Konzept der Schule besser Rechnung zu tragen. Hier bestand die Schule aus einem allgemeinen und einem Förderzweig. Dies hielt das Land für refinanzierungsschädlich, da diese Handhabung nicht dem Landesgesetz entspreche. Das Verwaltungsgericht gab dem Land Recht, das OVG Münster hob das Urteil allerdings auf und stellte fest, dass freie Schulträger auch eine kollegiale Schulleitung einsetzen dürfen. Hierzu das OVG:

> „Art. 7 Abs. 4 GG dient nicht der Angleichung der Bildungswege, sondern dem Schutz vor ungleichem Bildungserfolg. Deswegen müssen Ersatzschulen gleichwertig, aber nicht gleichartig sein."

Konkret am Beispiel NRW gilt für die Erteilung der Unterrichtsgenehmigung das Folgende: Hat die Lehrkraft eine staatliche Lehrerausbildung (1. und 2. Staatsexamen) so bedarf sie keiner Unterrichtsgenehmigung, es genügt eine Anzeige an die Schulaufsichtsbehörde. Verfügt sie über eine als gleichwertig anerkannte Ausbildung, ist dies durch die Schulaufsichtsbehörde anzuerkennen und eine Genehmigung ist die Folge. In allen übrigen Fällen bedarf es eines besonderen Verfahrens (Feststellungsverfahren in NRW) zur Erteilung einer Unterrichtsgenehmigung. Hierbei kommt nach den Landesgesetzen auch der Berücksichtigung von gleichwertigen freien Leistungen Bedeutung zu. Dabei stellen die Schulen in freier Trägerschaft immer wieder fest, dass die freien Leistungen nicht weit genug interpretiert werden, insbesondere im Hinblick auf die speziellen Bedürfnisse der Schulen besonderer Prägung.

Soweit die Lehrkraft daher nicht über eine staatliche Lehrerausbildung oder als gleichwertig anerkannte Ausbildung verfügt, ist der Weg zum Erhalt einer Unterrichtsgenehmigung im Regelfall langwierig.

## *E. Zusammenfassung*

Zusammenfassend lässt sich daher sagen:

Die Rechtsstellung der Lehrer an Schulen in freier Trägerschaft ist geprägt von privatrechtlichen und öffentlich-rechtlichen Elementen.

Die Privatautonomie der Schulen in freier Trägerschaft, die Verträge mit den Lehrkräften frei abzuschließen und zu gestalten, wird in der Praxis durch die schulaufsichtsrechtlichen Besonderheiten erheblich eingegrenzt. Die staatliche Aufsicht im Bereich des Personalwesens greift in die Freiheit der Schulen in freier Trägerschaft ein um eine größtmögliche Gleichstellung zwischen Lehrern an öffentlichen Schulen und an Schulen in freier Trägerschaft zum Schutz des Lehrers und der Allgemeinheit zu gewährleisten. Die über den Wortlaut des Grundgesetzes hinausgehenden Voraussetzungen beeinträchtigen dabei die Freiheit der Schulen in freier Trägerschaft. Ebenso wenn die Möglichkeit, freie Leistungen anerkannt zu bekommen, allzu restriktiv ausgelegt wird. Denn die Ausbildung der Lehrkräfte muss nicht gleichartig, sondern gleichwertig sein.

Zur Diskussion gestellt sei abschließend, ob der Eingriff des Staates sowohl auf die Höhe der Vergütung, als auch auf die Auswahl der Lehrkräfte und damit unmittelbar auf die Rechtsstellung der Lehrkräfte ein vom Grundgesetz gerechtfertigter Eingriff in die Privatschulfreiheit ist oder ob hierdurch die Autonomie und die Innovationsfähigkeit der Schulen in freier Trägerschaft gefährdet ist.

# Reform der Lehrerbildung und Sicherung der Abschlussanerkennung – ein altes Thema, heute gelöst?

*Fridtjof Filmer*[*]

A. Wie ist der status quo der bundesweiten Anerkennung von Lehramtsabschlüssen zu bewerten? 80
B. Was sind die zentralen Aspekte der Reform der Lehrerausbildung? 87
C. Welche Risiken bergen diese Reformen für die Anerkennung von Lehramtsabschlüssen? 89
D. Was kann man für die Sicherung der Abschlussanerkennung tun? 91
E. Was zeigt der Blick über den deutschen Tellerrand hinaus? 94

Der erste Vortrag des Schulrechtstags von Herrn Prof. Cremer, „Verbeamtung von Lehrern als Verfassungsgebot“, zeigt auch die Aktualität der Anerkennungsfrage: Er hat die Position dargestellt, dass es eine rechtliche Verpflichtung der Länder gibt, ihre Lehrkräfte zu verbeamten – überwiegend jedenfalls die Praxis der Verbeamtung von Lehrkräften. Denn solange wir verschiedene Bundesländer mit verschiedenen Schulsystemen und verschiedenen bildungspolitischen Konzepten und Traditionen haben, so lange werden diese Länder wohl unterschiedliche Ausbildungen als Zugangsvoraussetzung für ihre jeweiligen Landes-Beamtenlaufbahnen reglementieren, und mindestens so lange werden Länder auch formalisierte, landeszentrale Verfahren erhalten, in denen sie Absolventen fremder Ausbildungen auf den nachträglichen "Anerkennungs-Prüfstand" stellen.

Die Erfahrungen aus der Lehrereinstellung zeigen, dass auch in Zukunft Lehramtsabsolventen nicht nur aus persönlichen Gründen zwischen den Bundesländern wechseln wollen oder müssen – sondern auch wechseln müssen, weil die Einstellungschancen in den Ländern je nach Lehrämtern (Schulformen und -stufen) und Fächern stark differieren und schwanken.

Den aktuellen Fragen der Abschlussanerkennung möchte ich mich in fünf Schritten nähern:

im ersten Schritt den status quo der Anerkennung von Lehramtsabschlüssen in Deutschland darstellen (A.),
im zweiten Schritt einen kleinen Überblick geben über die Reform der Lehrerausbildung in Deutschland (B.),

* Dr. Fridtjof Filmer, Ministerium für Schule und Weiterbildung Nordrhein-Westfalen. Die Vortragsform wurde beibehalten.

im dritten Schritt auf die Risiken schauen, die die Reform der Lehrerausbildung für die Abschlussanerkennung birgt (C.), sowie auf Handlungsmöglichkeiten, diesen Risiken zu begegnen (D.), und
abschließend die rein deutsche Perspektive etwas überschreiten, da sich die Anerkennungsfrage zunehmend auch auf der Ebene der EU und der Ebene der Drittstaaten stellt (E.).

## *A. Wie ist der status quo der bundesweiten Anerkennung von Lehramtsabschlüssen zu bewerten?*

Das Thema der Anerkennung von Lehramtsabschlüssen hat in den letzten Jahrzehnten an Bedeutung gewonnen mit der differenzierten Entwicklung der Bildungssysteme in den Ländern – und mit der zunehmenden Mobilität der Menschen.

Rechtlich – das muss bei einem „Schulrechtstag" voranstehen –, mit den Mitteln des Rechts, lassen sich die Anerkennungsentscheidungen zwischen den Bundesländern kaum steuern und sichern.

Dabei kann man dem Artikel 12 GG, der Berufsausübungsfreiheit, einen grundrechtlichen Anspruch auf Anerkennung von Ausbildungsabschlüssen entnehmen. Aber das Grundrecht findet seine Schranken an den gesetzlichen Regelungen, mit denen die einzelnen Länder im Rahmen ihrer verfassungsrechtlichen Zuständigkeiten Qualifikationsanforderungen für ihre Lehrkräfte definieren. Materiell, unter Aspekten der Verhältnismäßigkeit, sind hier letztlich folgende Verfassungsrechtspositionen gegeneinander abzuwägen: Auf der einen Seite steht das grundrechtlich geschützte Interesse des Einzelnen an Aufnahme und Ausübung eines aufwändig erlernten Berufs – verstärkt unter Umständen durch den grundrechtlichen Schutz von Ehe und Familie (Art. 6 Abs. 1 GG); auf der anderen Seite stehen nicht nur Zuständigkeiten, sondern verfassungsrechtliche Aufträge der Länder zur qualitativen Gestaltung ihres jeweiligen Schulwesens (Art. 7 Abs. 1 GG sowie Regelungen in Landesverfassungen) – verstärkt durch Haushaltsinteressen des Landes, insbesondere in einem auf Lebenszeit angelegten Beamtenverhältnis nur Personen beschäftigen zu müssen, die breit und dauerhaft an den eigenen Schulen einsetzbar sind (etwa zu den Unterrichtsfächern passende Lehrbefähigungen mitbringen). Wie hoch man hier die Anforderungen definiert, um im Ergebnis Beschränkungen der Berufsfreiheit zu legitimieren, hängt nach der Rechtsprechung des Bundesverfassungsgerichts davon ab, inwieweit die Beschränkung als bloße Beschränkung der Berufsausübung oder als subjektive oder gar objektive Beschränkung der Berufswahl zu werten ist.[1] Objektive Beschränkungen der Berufswahl gibt es aber insofern nicht, da alle Länder Perspektiven bieten, zumindest durch Nach-

1 Zur sog. Drei-Stufen Theorie des BVerfG vgl. z.B. Schmidt-Bleibtreu/Hofmann/Hopfauf, Hofmann, Art. 12, Rdn. 48 ff. m.w.N.

holen von Ausbildungsabschlüssen Berufszugang zu erhalten; zudem lässt die Rechtsprechung des Bundesverfassungsgerichts (mit Blick auf Art. 33 GG) Einschränkungen der Berufsfreiheit umso eher zu, als der jeweilige Beruf als öffentlich-rechtliches Dienstverhältnis ausgestaltet oder einem solchen angenähert ist.[2]

So bietet das Grundrecht der Berufsfreiheit den Anerkennungssuchenden am Ende keine starke Rechtsposition, einen gewissen Schutz nur insofern, als es für staatliche Stellen, die eine Anerkennung versagen, in jedem Einzelfall die Pflicht begründet oder verstärkt, die Verhältnismäßigkeit eines Grundrechtseingriffs darzulegen.[3]

Das Freiheits-Grundrecht auf Freizügigkeit aus Art. 11 GG hält man überwiegend nicht für einschlägig.[4] Ein spezielles Gleichheits-Grundrecht enthält Art. 33 Abs. 2 GG, der gleichen Zugang zu öffentlichen Ämtern nach Eignung, Befähigung und Leistung garantiert. Dessen Verletzung hält man aber schon deswegen für ausgeschlossen, weil Anforderungen in Anerkennungsverfahren gerade nach Eignungsgesichtspunkten differenzieren.[5]

Der allgemeine Gleichheitssatz (Art. 3 Abs. 1 GG) kann, ähnlich wie das Grundrecht der Berufsfreiheit, einen gewissen Schutz bieten, indem er staatliche Stellen zwingt, in jedem Einzelfall darzulegen, ob die festgestellten Qualifikationsdifferenzen – in Relation zu den Absolventen der Lehrerausbildung des aufnehmenden Landes – nach Art und Umfang eine Versagung der Anerkennung (d.h. Nachholen konkreter Ausbildungsabschüsse) oder auch Auflagen zur Anerkennung rechtfertigen.

Auf der Ebene des einfachen Bundesrechts kann es wegen der Kompetenzen und Aufträge der Länder ebenfalls keine abschließende Lösung durch Anerkennungsregelungen geben. § 122 Beamtenrechtsrahmengesetz (BRRG) schreibt zwar vor, dass der Zugang zu einem Vorbereitungsdienst nicht versagt werden darf, weil die erforderliche Vorbildung in einem anderen Land absolviert wurde. Aber die Wirksamkeit dieser Regelung ist sehr beschränkt, da sie es nicht ausschließt, den Zugang zum Vorbereitungsdienst bzw. die Anerkennung wegen inhaltlicher Differenzen der Ausbildungen

2 Ebd., Rdn. 16 m.w.N. Als Argument gegen die Verbeamtung von Lehrkräften sollte man das nicht missverstehen, denn auch Angestellte üben öffentlich-rechtliche Funktionen aus, und für Lehrkräfte in Angestelltenverhältnissen könnten Anerkennungskriterien intransparenter werden und geringere gerichtliche Kontrolle ermöglichen. Zur Einordnung von Qualifikationsanforderungen für den Lehrerberuf als „zulässige subjektive Zulassungsvoraussetzungen zum Schutze wichtiger Gemeinschaftsgüter" im Sinne der Rechtsprechung des Bundesverfassungsgerichts BVerwGE 64, 153 (159 f.); H. Avenarius, Gegenseitige Anerkennung von Lehramtsprüfungen zwischen den Ländern in der Bundesrepublik Deutschland, DÖV 1997, S. 485 (486).

3 Die Versagung der Anerkennung einer Ersten Staatsprüfung wird grundsätzlich ein weniger intensiver Grundrechtseingriff sein, wenn die Versagung nur darauf beruht, dass eine Ausbildung im Vorbereitungsdienst im Aufnahmeland nicht möglich ist, nach Abschluss der Ausbildung durch eine Zweite Staatsprüfung im Herkunftsland aber eine Anerkennung als Zweite Staatsprüfung möglich würde.

4 Vgl. zu Lehramtsanerkennungen BVerwG, Urteil v. 22.10.1981, BVerwGE 64, 153 (159); anders H. Avenarius (Fußnote 2), S. 487. Allgemein Maunz/Dürig, Dürig, Kommentar zum Grundgesetz, Art. 11, Rdn. 30 ff.; BVerfGE 41, 389.

5 BVerwGE 64, 153 (159 f.).

zu versagen.[6] Gerichte sind insofern an die gesetzlichen Regelungen des jeweiligen Landes zu Qualifikationsanforderungen gebunden.[7] Auf die begrenzte Wirksamkeit des § 122 BRRG für Lehrerlaufbahnen hat bereits der „Bericht der Bundesregierung über die strukturellen Probleme des föderativen Bildungssystems" aus dem Jahr 1978 hingewiesen.[8] Seit der Föderalismusreform sind die Regelungsmöglichkeiten des Bundes noch reduzierter als zuvor. Auch § 122 BRRG gilt nur noch auslaufend fort, könnte nach der Föderalismusreform 2006 nicht mehr neu erlassen werden und kann durch Landesrecht verdrängt werden.

Ähnliches gilt für die gesetzlichen Anerkennungsregelungen in den einzelnen Ländern. Die enthalten zum Teil immerhin einen Rechtsanspruch auf ermessensfehlerfreie Entscheidung über Anerkennungsanträge. Aber selbst wenn die Gerichte Ermessensreduzierungen auf Null prüfen und die von vielen Gesetzen geforderte "Gleichwertigkeit" oder "Entsprechung" der zur Anerkennung vorgelegten Abschlüsse als gerichtlich voll überprüfbare Tatbestandsmerkmale betrachten[9]; selbst dann bleiben faktisch große Beurteilungsspielräume der Verwaltung. Manche Länder haben gar keine geson-

6 Dazu grundlegend BVerwG, Urteil v. 22.10.1981, BVerwGE 64, 153 ff.. Danach schließt § 122 BRRG nicht nur das explizite Abstellen auf den Ort des Ausbildungsabschlusses aus (also explizite „Landeskinderregelungen"). Er zwingt das aufnehmende Land vielmehr zu einer materiellen, inhaltlichen Prüfung, ob die jeweils nachgewiesene Vorbildung „ein wesentliches Maß an Übereinstimmung" mit der im aufnehmenden Land geforderten Vorbildung aufweist. Bei diesen Prüfungen von „Gleichwertigkeit" oder „Entsprechung" – wie sie auch im Rahmen von landesgesetzlichen Anerkennungsregelungen durchzuführen sind – sieht das Bundesverwaltungsgericht das Ermessen des aufnehmenden Landes aber „sehr weit gespannt". Im entschiedenen Fall sieht das BVerwG das Land Baden-Württemberg nicht verpflichtet, eine hessische Erste Staatsprüfung für das Lehramt an Grundschulen als geeignete Vorbildung für den baden-württembergischen Vorbereitungsdienst für das dortige übergreifende Lehramt an Grund- *und Haupt*schulen anzuerkennen. Vgl. BVerwG 64, 142 ff.; BVerwGE 75, 133 ff. Ähnlich VG Berlin, Urteil v. 19.4.1991, 5 A 152.88: Mangelnde Entsprechung einer in Bremen aufgrund einer Ausbildung in einem Unterrichtsfach und einer sonderpädagogischen Fachrichtung erworbenen Befähigung mit dem Schwerpunkt Primarstufe gegenüber dem Berliner Lehramt des Lehrers an Sonderschulen; VGH Mannheim, Urteil v. 24.3.1987, 4 S 754/86. Wegen nicht entsprechender Fächerverbindungen innerhalb sich ansonsten entsprechender Lehrämter wird die Anerkennung versagt von BVerwG, Beschl. v. 24.11.1986, 2 B 62/86, DVBl. 1987, S. 423 f.; VGH Mannheim, Urteil v. 21.1.1986, 4 S 228/85, VBlBW 1987, S. 271 f. Zur Anerkennung verpflichtend dagegen etwa VGH München, Urteile v. 17.12.1976, 332 II 75 und 332 III 75, RdJB 1979, 153 ff. Entscheidungen fielen im Ergebnis meist gegen die Anerkennungssuchenden; E. Winter, Lehrerbildung vor Gericht, RdJB 1979, S. 141 (144).

7 BVerwGE 64, 153 (159 f.).

8 BT-Drucksache 8/1551, S. 51 und S. 48. Im damaligen verfassungsrechtlichen Rahmen konnte man noch über bundesgesetzliche Rahmenvorschriften nachdenken; ebd., S. 49 und S. 54. Dazu I. Richter, Alternativen zur Kompetenzverschiebung im Bildungsföderalismus, DÖV 1979, S. 185 ff. und kritisch H.-P. Schneider, Lehrerbildung im Bundesstaat – Möglichkeiten und Grenzen ihrer Vereinheitlichung durch Bundesgesetz, RdJB 1979, S. 117 ff.

9 OVG Münster, Urteil v. 24.1.2008, 19A 2143/06, zitiert nach juris, Rdn. 15, m.w.N. Vgl. bereits OVG Münster, Beschluss vom 27.9.2007, 19 A 2143/06 und OVG Münster, Urteil v. 3.12.2002, 19 E 777/02. Nach ständiger Rechtsprechung des nordrhein-westfälischen OVG zu den Vorgängerregelungen des § 14 Lehrerausbildungsgesetz NW (zuletzt § 20 des LABG NW vom 2.7.2002) verlangt die Anerkennung keine „vollständige Gleichwertigkeit", aber ein „wesentliches Maß an Übereinstimmung".

derten gesetzlichen Anerkennungsregelungen; anerkennen nur implizit im Rahmen von Einstellungsverfahren[10] auf Basis von Vereinbarungen in der Kultusministerkonferenz, die als zwischenstaatliche Vereinbarungen für sich genommen keine Außenrechtswirksamkeit haben. Hier setzen nur die Grundrechte (Art. 12 GG, Art. 3 Abs. 1 GG) rechtliche Grenzen für Anerkennungsentscheidungen der Verwaltung.[11]

Die Spielräume der Verwaltung werden freilich durch Rechtsprechung konturiert und begrenzt; aufgrund der Vielzahl von Lehrämtern und Fächern in den Ländern, die einige Länder zudem in recht geringen zeitlichen Abständen neu gestalten, bleiben die von Gerichten gezogenen Grenzen aber oft kasuistisch und punktuell.

Auch die Gesetzgeber in den Ländern wären vor diesem Hintergrund nicht in der Lage, pauschale und abschließende Regelungen zu treffen. Auch sie müssen der Verwaltung zumindest gewisse Spielräume für Einzelfallprüfungen belassen, ob etwa ein Antragsteller nach Anerkennung (mit oder ohne Beamtenverhältnis auf Lebenszeit) in den studierten Fächern überhaupt, dauerhaft und in vertretbarer Breite an Schulen des aufnehmenden Landes eingesetzt werden kann.[12]

Wegen der sehr beschränkten rechtlichen Lösungsansätze zur Sicherung der Abschlussanerkennung war die Plattform für Diskussionen und Lösungsansätze von Anfang an die Kultusministerkonferenz (KMK)[13].

Schon 1964 haben sich die "vertragsschließenden Länder" im sog. "Hamburger Abkommen"[14] verpflichtet, Lehramtsabschlüsse grundsätzlich untereinander anzuerkennen. Die darauf folgende Anerkennungspraxis hat diese Verpflichtung allerdings oft nicht widergespiegelt.

10 Dadurch können gerichtliche Zuständigkeiten auch auf die Arbeitsgerichte beschränkt bleiben; OVG Sachsen-Anhalt, Beschl. v. 16.7.2003, 2 L 162/01.

11 Vgl. H. Avenarius (Fußnote 2), S. 489, der im Rahmen des Art. 3 Abs. 1 GG die Wirkung veröffentlichter verwaltungsinterner Regelungen als „antizipierte Verwaltungspraxis" betont.

12 Nach § 14 Absatz 3 des nordrhein-westfälischen Lehrerausbildungsgesetzes vom 12.5.2009 (GV.NRW. S. 308) sind daher Zweite Staatsprüfungen aus anderen Ländern nur „in der Regel" anzuerkennen. *Vgl. u. bei Fußnoten 18 und 19 mit Beispielen.* Pauschale Anerkennungsregelungen würden sehr weit gehende Vereinheitlichungen der Schulsysteme in den Ländern voraussetzen. Das verkennt im Ergebnis der Bericht der Bundesregierung v. 23.2.1978, BT-Drucks. 8/551, S. 54, wenn er Anerkennung – ohne Rücksicht auf Ausbildungsinhalte – allein durch gleiche Ausbildungsformen und gleiche Ausbildungsdauer sichern will. Vgl. H.-P. Schneider (Fußnote 8), S. 121 f., 128 f.

13 Am 7. März 2013 hat die KMK einen neuen, umfassenderen Beschluss gefasst („Regelungen und Verfahren zur Erhöhung der Mobilität und Qualität von Lehrkräften – Ländergemeinsame Umsetzungsrichtlinien für die Anpassung von Regelungen und Verfahren bei der Einstellung in Vorbereitungs- und Schuldienst sowie für die Anerkennung von Studien- und Prüfungsleistungen in Studiengängen der Lehrerausbildung", noch nicht veröffentlicht), der hier noch nicht berücksichtigt werden konnte.

14 „Abkommen zwischen den Ländern der Bundesrepublik zur Vereinheitlichung auf dem Gebiete des Schulwesens" auf der Grundlage eines Beschlusses der Kultusministerkonferenz vom 19./20. Oktober 1964. http://www.kmk.org/fileadmin/veroeffentlichungen_beschluesse/1964/1964_10_28_Hamburger_Abkommen.pdf Die Vereinbarungen zielte v.a. auf die Anerkennung Zweiter Staatsprüfungen.

Im Jahr 1990 hat die KMK – offenbar die künftigen, ganz neuen Herausforderungen der deutschen Wiedervereinigung vor Augen – in München eine detailliertere Vereinbarung zur gegenseitigen Anerkennung getroffen; erst einmal für die elf alten Bundesländer.[15] Doch diese Regelung war einerseits wenig ambitioniert, indem sie von vornherein für den Fall der "Nichtübereinstimmung der Lehrämter" das Nachholen von Studien- und Prüfungsleistungen vorsah. Da die "Nichtübereinstimmung der Lehrämter" schon damals praktisch der föderalistische Normalfall war, entstand von vornherein kein wirksamer Zwang zu echten, "auflagenfreien" Anerkennungen. Andererseits war diese Vereinbarung zu ambitioniert, indem sie versuchte, jedes einzelne Land im Vorhinein konkret auf die von ihm gestellten Anforderungen und die von ihm verlangten Auflagen festzulegen. Das konnte schon wegen der Dynamik in Lehramtsstrukturen und -ausbildungen der Länder nicht dauerhaft gelingen.

Vor diesem Hintergrund gelang es dann aber in den 90'er Jahren, die Lehrämter (d.h. die einzelnen Lehramtsbefähigungen) in sechs schulformbezogene "Lehramtstypen" zu klassifizieren und für jeden dieser Lehramtstypen eine Rahmenvereinbarung über die Struktur der Ausbildung zu schließen.[16] Der Prozess mündete 1999 in die sog. Husumer Beschlüsse der KMK[17], die einen gewissen Durchbruch brachten und im Grundsatz bis heute gelten. Sie regeln zum einen die Anerkennung von in der DDR erworbenen Alt-Abschlüssen[18]; v.a. aber die künftige "gegenseitige Anerkennung" unter den jetzt 16 Bundesländern.

Effektiv wurde dieser Beschluss durch einen recht abstrakten Rahmen: Fest geschrieben wurde nur die grobe Struktur der Ausbildung, insbesondere die Zwei-Phasigkeit mit Studium und Vorbereitungsdienst von gewisser Mindestdauer und zwei abschließenden Staatsprüfungen sowie die Struktur von in der Regel zwei studierten Unterrichtsfächern. Ausbildungen, die entsprechend diesen Rahmenvereinbarungen absolviert werden, werden danach gegenseitig anerkannt. Das gilt für Erste Staatsprüfungen – den Zugang zum Vorbereitungsdienst in anderen Ländern – als auch für Zweite Staatsprüfungen – den Zugang zu Schuldienst und Lehrerlaufbahnen in anderen Ländern. Eine relevante Ausnahme gibt es vor allem noch für die Frage der zugelassenen

15 Gegenseitige Anerkennung von Lehramtsprüfungen und Lehramtsbefähigungen (Beschluss der Kultusministerkonferenz vom 05.10.1990), Sammlung der Beschlüsse der Ständigen Konferenz der Kultusminister der Länder in der Bundesrepublik Deutschland, Ordnungsnummer 715 (alte Fassung). Dazu H. Avenarius (Fußnote 2), S. 488 f.

16 Rahmenvereinbarungen über die Ausbildung und Prüfung für die Lehramtstypen 1 – 6 (Beschlüsse der Kultusministerkonferenz vom 06.05.1994/12.05.1997/28.02.1997 i. d. F. v. 20.09.2007/05.02.2009), ebd. Ordnungsnummern 743, 745, 748, 751, 775, 781.

17 Gegenseitige Anerkennung von Lehramtsprüfungen und Lehramtsbefähigungen (Beschluss der Kultusministerkonferenz vom 22.10.1999). http://www.kmk.org/fileadmin/veroeffentlichungen_beschluesse/1999/1999_10_22-Lehrbefaehigungen.pdf.

18 Die Anerkennung von in der DDR abgeschlossenen Ausbildungen verliert in der Praxis langsam an Relevanz. Für Antragsteller schwer zu akzeptierende Grenzen hatten die Anerkennungsmöglichkeiten vor allem Grundschulbereich, wo die Ausbildung in der DDR nicht auf einem universitären Studium beruhte. Etwa VG Regensburg, Urteil v. 20.3.2002, RN 1 K 01.1800.

Fächer und Fächerkombinationen beim Zugang zum Vorbereitungsdienst; hier setzen schon fehlende fachspezifische Ausbildungsmöglichkeiten (fehlende Ausbilder in den Seminaren) der gegenseitigen Anerkennung nicht überschreitbare Grenzen.[19]

Die Anerkennung Zweiter Staatsprüfungen stößt in der Anerkennungspraxis der Länder nur noch selten auf Schwierigkeiten; einzelne Länder verzichten in den letzten Jahren sogar ganz auf eine inhaltliche Überprüfung der vorgelegten Zweiten Staatsprüfungen; in Nordrhein-Westfalen gibt es seit 2009 eine gesetzliche Regelung, dass Zweite Staatsprüfungen in der Regel anzuerkennen sind.[20]

Den status quo der Abschlussanerkennung unter den Ländern vor der Reform der Lehrerausbildung kann man so grundsätzlich positiv bewerten. Das zeigt sich auch daran, dass die Zahl der Rechtsstreite in den beiden letzten Jahrzehnten gegenüber den 70'er und 80'er-Jahren offenbar deutlich zurückgegangen ist[21]. Einige einschränkende Anmerkungen muss man jedoch schon zur Bewertung dieses status quo machen:

19 *Plastische Beispiele dafür bilden die Fremdsprachen*: Das in Nordrhein-Westfalen benötigte und ausgebildete Fach „Niederländisch" gibt es in vielen Bundesländern ebenso wenig wie „Türkisch"; dem entsprechend auch keine Ausbildungsmöglichkeiten im Vorbereitungsdienst. Umgekehrt können Absolventen eines Lehramtsstudiums in „Polnisch" nicht im nordrhein-westfälischen Vorbereitungsdienst weiter ausgebildet werden, wo dieses Fach nicht existiert. Im Südwesten Deutschlands gibt es „Französisch" schon in der Grundschule: Jenseits der Fremdsprachen gibt es *regional begrenzte Fächer* wie z.B. „Astronomie" oder „Darstellendes Spiel"; ob, wann und für welche Schulformen in den einzelnen Ländern „Islamischer Religionsunterricht" eingeführt wird, ist schwer absehbar, etc. Schwierigkeiten können auch entstehen durch mehr oder weniger breite Zuschnitte von Fächern. Wer etwa ein Lehramtsstudium in „Ethik" oder „Praktische Philosophie" abgeschlossen hat, ist ggf. – je nach Ausgestaltung dieses Studiums – nicht hinreichend qualifiziert für Vorbereitungsdienst oder Schuldienst in einem Fach „Philosophie/Praktische Philosophie", das mit Blick auf Philosophieunterricht in der gymnasialen Oberstufe auch alle Bereiche von „Theoretischer" Philosophie (Erkenntnistheorie, Wissenschaftstheorie etc.) umfasst. In solchen Konstellationen dürfen Anerkennungsstellen sich freilich nicht durch unterschiedliche Bezeichnungen von Fächern leiten lassen, sondern müssen zu Gunsten der Antragsteller auf die tatsächlich erbrachten Leistungen schauen.

20 § 14 Absatz 3 des Lehrerausbildungsgesetzes vom 12.5.2009 (GV.NRW. S. 308). Das bewirkt praktisch eine Umkehrung der Begründungslast zu Lasten des Landes. Vgl. OVG Münster, Urteil v. 24.1.2008, 19A 2143/06. Entgegen der Auffassung der Vorinstanz darf danach bei der Anerkennung Zweiter Staatsprüfungen nur noch begrenzt auf Differenzen zurückgegriffen werden, die bereits im Lehramtsstudium lagen. Überraschenderweise bezieht sich das Gericht bei der Begründung einer „Ermessensreduzierung auf „Null" auch auf das „Bestreben der Kultusministerkonferenz nach einer gegenseitigen Anerkennung" (juris, Rdn. 25) und die darauf gerichteten KMK-Beschlüsse - denen für sich genommen keine Außenrechtswirksamkeit gegenüber Bürgern zukommen kann. Vgl. bereits OVG Münster, Beschluss vom 27.9.2007, 19 A 2143/06, juris Rdn. 7, hier nur als „ergänzender" Hinweis. Vgl. bereits OVG Münster, Urteil v. 23.11.1979, XV A 472/79 zum „Hamburger Abkommen", wo das Gericht im Ergebnis eine Anerkennung an mangelnder Entsprechung der Lehramtsstrukturen in NRW und Berlin scheitern ließ; vgl. BVerwG, Beschl. v. 24.11.1986, 2 B 62/86, DVBl. 1987, S. 423 f. Auch auf der Ebene der Zweiten Staatsprüfungen kann die Frage der Fächer entscheidende Bedeutung bekommen.

21 Jedenfalls die Zahl veröffentlichter Gerichtsentscheidungen, etwa bei Sichtung der Datenbank juris. Vgl. E. Winter (Fußnote 6), S. 141 ff. und H. Avenarius (Fußnote 2), S. 494 f.

1. Die Praxis in den Ländern ist unterschiedlich. Die bestehenden Beurteilungsspielräume werden unterschiedlich genutzt. Einige Länder haben eine Anerkennungsquote nicht weit von hundert Prozent. Aber offenbar gibt es auch Länder, in denen mehr als ein oder zwei Prozent der Anträge abgelehnt werden.[22]
2. Alle Formen des Seiteneinstiegs in den Schuldienst sind nicht erfasst, denn Seiteneinsteiger sind nicht nach den Rahmenvereinbarungen ausgebildet.[23]
3. In Einzelfällen werden formale Anerkennungen erteilt, die dann aber nicht alle landesspezifischen Besonderheiten von Einstellungsverfahren für Vorbereitungsdienst oder Schuldienst abdecken, also in Einstellungsverfahren des aufnehmenden Landes keine oder nur nachrangige[24] Berücksichtigung ermöglichen[25].
4. Die Praxis häufiger Nichtanerkennungen vor "Husum"[26] fiel in Zeiten des Lehrkräfteüberhangs – vielleicht verschärft noch einmal durch den Geburtenknick nach der Wiedervereinigung und die sich damit dramatisch verändernden personalwirtschaftlichen Perspektiven in den neuen Bundesländern. Die Praxis nach "Husum" fällt in Zeiten von insgesamt großem Personalbedarf – wie schon das Phänomen

22 Selbst in diesen Ländern ist die Nicht-Anerkennung allerdings offenbar ein klarer Ausnahmefall.

23 Die Länder haben sehr unterschiedliche rechtliche und ausbildungsfachliche Konzeptionen des Seiteneinstiegs in den Schuldienst entwickelt. Der Bedarf an Seiteneinsteigern bezieht sich auf unterschiedliche Schulformen und Fächer. Eine Harmonisierung unter den Ländern hätte hier praktisch keine Erfolgsaussichten. Ähnlich große Unterschiede gibt es auch bei Abschlüssen, die Lehrkräfte im Rahmen berufsbegleitender Weiterqualifizierungen erwerben sowie bei speziellen Lehrerlaufbahnen, die kein Studium an einer Universität oder Pädagogischen Hochschule voraussetzen (z.B. Lehrer für „Werken“ an allgemeinbildenden Schulen oder „Werkstattlehrer“ o.ä. an berufsbildenden Schulen).

24 Zur Sonderfrage der Umrechnung von Abschlussnoten bzw. der Berechnung von Bonus- oder Malus-Regelungen und deren Grenzen vgl. VGH München, Beschluss v. 20.1.2000, 7 ZE 99.2715 und BVerwGE 68, 109 ff. Relativ schlechtere Einstellungschancen können sich auch daraus ergeben, dass eine geringere Anzahl von Fächern studiert wurde als im aufnehmenden Land vorgesehen.

25 Hier liegt m.E. eine zentrale Schwierigkeit. Sie führt z.T. schon zu begrifflichen Unklarheiten, was überhaupt gemeint ist, wenn von „Anerkennungen“ oder „Gleichstellungen“ o.ä. gesprochen wird. Bei einem sehr engen Verständnis von „Anerkennungen“ könnten diese praktisch wertlos werden für Fragen der tatsächlichen Mobilität. Die Funktion von „Anerkennung“ oder „Gleichstellung“ muss die effektive Gleichstellung mit Absolventen der Ausbildung des aufnehmenden Landes sein. In gleicher Weise muss man das Verhältnis von „Anerkennungen“ und „Auflagen“ oder anderen Nebenbestimmungen im Blick behalten: Sofern letztere Empfänger eines Anerkennungsbescheides verpflichten, sich punktuell, mit sehr begrenztem Zeitaufwand, spezifische und unverzichtbare Kenntnisse für den Dienst im aufnehmenden Land schon vor Antritt eines solchen Dienstes anzueignen, mögen sie als Nebenbestimmung vertretbar sein. Wenn aber umfangreichere (Studien-)Leistungen gefordert würden, die theoretisch auf den Ausgleich aller Differenzen zwischen den Ausbildungen im abgebenden und im aufnehmenden Land zielen könnten, dann hätte die „Anerkennung“ kaum einen Mehrwert gegenüber der Versagung der Anerkennung, die dann zum Nachholen der Abschlüsse des aufnehmenden Landes zwingen würde; die „Anerkennung“ bliebe rein formal. (Das gilt nicht nur für Länder mit BA/MA-Studiengängen und Studien begleitenden Prüfungen, in denen sich „Anerkennung“ mit Auflagen einerseits oder andererseits Nachholen des Studienabschlusses unter Anrechnung von Vorleistungen in dem dargestellten Szenario praktisch gar nicht mehr unterscheiden dürften.)

26 Vgl. o. bei Fußnote 16.

des Seiteneinstiegs zeigt. Ob und inwieweit dies nun mitursächlich ist für ein positives "Anerkennungsklima", ist schwer zu beurteilen, wird sich letztlich erst erweisen, wenn und soweit sich vielleicht doch der berühmte "Schweinezyklus" wieder Geltung verschaffen sollte und neue Lehrkräfte-Überhänge entstehen, zumindest lehramts- und fachspezifisch.[27]

5. Ein sich weiter differenzierender Lehrerarbeitsmarkt und Haushaltsdefizite in den Ländern sind wohl Ausschlag gebend für Entwicklungen in einzelnen Ländern, Ausbildungskapazitäten im Vorbereitungsdienst abzubauen oder schon Einstellungen in den Vorbereitungsdienst an den eigenen, prognostizierten Einstellungsbedarfen für den Schuldienst zu orientieren. Man stellt Mathematik-Absolventen in den Vorbereitungsdienst ein; Germanistik-Absolventen aber nicht bzw. nur nachrangig. Wegen des staatlichen Ausbildungsmonopols wird letzteres schon verfassungsrechtlich nicht zulässig sein. Beides führt aber zunächst dazu, dass ein Wechsel in diese Länder erheblich erschwert wird – formale Anerkennungen auch insoweit wenig wert sind –, und könnte dazu führen, dass sich die übrigen Länder, auf die die Ausbildungslasten verschoben werden, zukünftig vielleicht stärker fragen müssen, inwieweit sie sich eine großzügige Anerkennungspraxis noch leisten können.

Dass die "Husumer Beschlüsse" im Oktober 1999 in der KMK zustande kamen, hatte vielleicht auch damit zu tun, dass der KMK – ähnlich wie die Wiedervereinigung im Jahr 1990 – im Jahr 1999 bereits die nächste Herausforderung für das Ausbildungs- und Anerkennungssystem vor Augen stand: die Bologna-Erklärung vom Juni 1999 von 29 europäischen Bildungsministern, mit der die Umstellung der Studiengänge auf Bachelor/Master-Strukturen ihren Ausgang nahm. Damit wurde auch ein Rahmen gesetzt für die folgende Reform der Lehrerbildung.

## *B. Was sind die zentralen Aspekte der Reform der Lehrerausbildung?*

Statt von der "Reform der Lehrerausbildung" müsste man exakter sprechen von "den Reformen der Lehrerausbildung" in Deutschland. Denn da liegt der Kern des Problems: die Reformprozesse in den Ländern sind sehr unterschiedlich und vergrößern die bestehenden Differenzen zwischen den Ausbildungen in den Ländern.[28]

27 Zu den offenbar in der Vergangenheit bestehenden Bezügen zu Kapazitätsfragen vgl. bereits den Bericht der Bundesregierung über die strukturellen Probleme des föderativen Bildungssystems v. 23.2.1978, BT-Drucks. 8/1551, S. 53; E. Winter (Fußnote 6), S. 141 f.

28 Überblicke zu den Reformen und ihren Wirkungen etwa in Die Deutsche Schule, 2010, S. 1 ff (Heft 1 als Schwerpunktthema: Bachelor und Master-Plan – Wohin steuert die Lehrerbildung?); Hochschulrektorenkonferenz (Hrsg.), Von Bologna nach Quedlinburg. Die Reform des Lehramtsstudiums in Deutschland, Bonn 2007 (Tagungsdokumentation, nicht mehr auf dem letzten Stand.).

1. Weit gehend bekannt ist, dass viele Länder im Zuge des sog. Bologna-Prozesses auch die Lehrerausbildung auf BA/MA-Strukturen umgestellt haben. Meist aus pragmatischen Gründen, weil die Ausbildung der Lehrer – anders als die von Medizinern und Juristen – nicht an eigenen Fakultäten erfolgt, sondern in einer Vielzahl von Fächern, unter einem Dach mit dem Großteil der nicht-lehramtsbezogenen Studiengänge. Man sprach daher insoweit zu Recht von einer nicht schul-, sondern wissenschaftsgetriebenen Reform.
Andere Länder sind diesen Weg, jedenfalls bisher, nicht mitgegangen. Sie halten am Ersten Staatsexamen fest; nicht nur in Süddeutschland. Zum Teil modularisieren auch sie ihre Studiengänge und vergeben Leistungspunkte nach dem ECTS-System – halten aber an einem einstufigen Studiengang und an den in staatlicher Verantwortung stehenden Abschlussprüfungen fest – zumindest für bestimmte Lehrämter. Sachsen hat sich sogar kürzlich entschlossen, die Umstellung auf BA/MA-Strukturen schon wieder rückgängig zu machen. In der Summe entsteht aktuell ein buntes Bild: Einige Länder, etwa Bayern, halten für den allgemein bildenden Bereich am Ersten Staatsexamen fest, nicht aber für die berufsbildenden Lehrämter. Thüringen möchte offenbar dauerhaft innerhalb eines Landes beide Strukturen parallel fortschreiben[29]. Rheinland-Pfalz hat früh auf BA/MA umgestellt, spricht aber selbst eine „Anerkennung“ dieser Abschlüsse als "Erste Staatsprüfung" aus.

Die entscheidenden Unterschiede des BA/MA-Systems liegen zum Ersten in der akademischen Verantwortung der Hochschulen für Studiengänge und Abschlüsse, zum Zweiten in der Umstellung auf Studien begleitende Prüfungen an Stelle von Abschlussprüfungen und zum Dritten in der Stufung der ersten Phase der Lehrerausbildung in zwei formal voneinander unabhängige Studiengänge, Bachelor und Master.

2. Weniger bekannt sind die übrigen Aspekte dieser Reformen. Häufig verkürzt sich der Vorbereitungsdienst von früher einheitlich 24 Monaten Dauer (einheitlich auch durch das außer Kraft getretene Beamtenrechtsrahmengesetz) auf künftig 18, 15 oder sogar nur noch zwölf Monate. Das Studium verlängert sich zum Teil; in Nordrhein-Westfalen und künftig ggf. weiteren Ländern auf bis zu zehn Semester. Den bundesweiten Vereinbarungen zu Struktur und Umfang von BA/MA-Studiengängen[30] folgend, gilt diese Studiendauer hier für alle Lehrämter gleichermaßen[31].

29 Staatsexamen in Jena und MA of Ed. in Erfurt.

30 Ländergemeinsame Strukturvorgaben für die Akkreditierung von Bachelor- und Masterstudiengängen. Beschluss der Kultusministerkonferenz vom 10.10.2003 i.d.F.v. 4.2.2010. http://www.kmk.org/fileadmin/veroeffentlichungen_beschluesse/2003/2003_10_10-Laendergemeinsame-Strukturvorgaben.pdf.

31 Gleich lange Studiendauern für die Lehrämter gibt es auch in Ländern, die am Ersten Staatsexamen fest halten, etwa in Mecklenburg-Vorpommern (neun Semester, §§ 8 ff. Lehrerausbildungsverordnung (LAVO)). Für die Lehrämter des gehobenen Dienstes ist eine Umstellung auf BA/MA-Studiengänge mit dem Abschluss MA of Ed. ohne Studienzeitverlängerung praktisch nicht möglich; im Rahmen von Staatsexamensstudiengängen waren hier in der Regel sieben, z.T. nur sechs Semester Regelstudienzeit vorgesehen.

Die Vereinbarungen der KMK verlangen für Master-Abschlüsse eigentlich immer 300 Leistungspunkte – also zehn Semester Regelstudienzeit. Um dem zu genügen, schaffen manche Länder Systeme, in denen sie – beschränkt auf Lehrämter des gehobenen Dienstes – auch für einen Teil des Vorbereitungsdienstes Leistungspunkte vergeben und diese Leistungen auf den Master-Abschluss anrechnen. Die Dauer des Studiums bleibt dann kürzer; der Masterabschluss wird erst während des Vorbereitungsdienstes vergeben[32]. Für dieses Konstrukt hat sich informell der Begriff "Verrechnungsmaster" eingebürgert.

3. Die stärker fachlich motivierten Aspekte der Reformen, v.a. Kompetenzorientierung und Modularisierung der Ausbildung,[33] sollen hier nicht vertieft werden. Für unser Thema relevant ist vor allem noch die Stärkung des Praxisbezugs in der ersten Phase der Lehrerausbildung. Intensiverer Praxisbezug und früherer Praxisbezug sind hier die zentralen Schlagworte in vielen Ländern. Es gibt neue Praktika und ganze Praxissemester in Verantwortung von Hochschulen.

## *C. Welche Risiken bergen diese Reformen für die Anerkennung von Lehramtsabschlüssen?*

Die Risiken für die Anerkennung kann man abschließend noch gar nicht einschätzen. Denn die Länder mit BA/MA-Reformen haben diese – wenn man von Modellversuchen absieht – meist erst für Studienanfänger ab etwa 2007 umgesetzt. Die ersten Absolventen kommen also gerade erst.

Erfahrungen gibt es eher schon zu Länderwechseln innerhalb des Studiums. Hier geht es noch nicht um die Anerkennung von Lehramtsabschlüssen, sondern um die Anrechnung von Studienleistungen durch Hochschulen beim Studienortwechsel. Diese Anrechnungen wurden, plangemäß, durch den Bologna-Prozess für Studienortswechseln zwischen europäischen Staaten sicher erleichtert; schon durch die Vergabe von Leistungspunkten und die international verbreiteten Studien begleitenden Prüfungen. Aber wer jetzt von einem Bundesland ohne Studien begleitende Prüfungen in ein Bundesland mit Studien begleitenden Prüfungen wechselt – die er selbst noch nicht absolviert hat –, ist stärker von der Großzügigkeit der aufnehmenden Hochschule abhängig. Wer aus einem Land mit Staatsexamen erst kurz vor Abschluss des Studiums in ein Land mit BA/MA-Struktur wechselt, muss u.U. zusätzliche Studienzeit inves-

32 Das Verfahren wird legitimiert durch die Empfehlung der Kultusministerkonferenz und der Hochschulrektorenkonferenz zur Vergabe eines Masterabschlusses in der Lehrerbildung bei vorgesehener Einbeziehung von Leistungen des Vorbereitungsdienstes (Beschluss der Kultusministerkonferenz vom 12.06.2008/Beschluss der Hochschulrektorenkonferenz vom 08.07.2008).

33 Nicht erwähnt bleiben hier v.a. die z.T. erheblichen inhaltlichen Neu-Profilierungen von Lehrerausbildung in der Folge schulischer Entwicklungen, z.B. im Kontext von „Diagnose und Förderung“ oder „Inklusion“.

tieren, weil er ohne ersten Hochschulabschluss nicht unmittelbar in den Masterstudiengang aufgenommen wird. Fragen dieser Art stellen sich jedoch nicht nur beim Wechsel des Bundeslandes, sondern ggf. schon beim Hochschulwechsel innerhalb eines Bundeslandes – je nachdem, wie weit Inhalte und Aufbau des Studiums innerhalb des jeweiligen Landes vorgegeben sind, insbesondere die Verteilung lehramtsrelevanter Studienelemente auf BA- und MA-Studiengang. Soweit Vorgaben der Länder dazu nicht bestehen, treffen die einzelnen Hochschulen in ihren Studienordnungen rechtsverbindliche Regelungen, die etwa bei einer Aufnahme hochschulfremder BA-Absolventen in einen MA-Studiengang zu berücksichtigen sind. Durch die Stufung der Studiengänge, die akademische Alleinverantwortung für die Studiengänge und die (in den Ländern unterschiedlich ausgeprägte) Freiheit der Hochschulen entstehen unterschiedliche Regelungen auf Ortsebene und erhebliche Entscheidungsspielräume für die einzelnen Hochschulen, die auch als Mobilitätshindernisse wirken können.

Auch bei der Anerkennung von Abschlüssen eines Lehramtsstudiums oder einer Zweiten Staatsprüfung könnten künftig Schwierigkeiten entstehen:

Die Kürzung von Vorbereitungsdiensten und frühere Schulpraxis können zu ungünstigen Konstellationen für einen Wechsel nach Abschluss des Lehramtsstudiums führen: Wer aus einem Land mit späterer Schulpraxis in ein Land mit früherer Schulpraxis und kurzem Vorbereitungsdienst wechseln will, kann Schwierigkeiten bei der Anerkennung bekommen, weil Voraussetzungen für den Vorbereitungsdienst des aufnehmenden Landes fehlen.[34]

Wer aus einem Land mit Verrechnungsmaster kommt, bekommt ggf. im aufnehmenden Land Schwierigkeiten, wenn er aus einem – jedenfalls scheinbar – noch nicht abgeschlossenen Masterstudiengang bereits Zugang zu einem Vorbereitungsdienst sucht.

Das eigentliche Risiko liegt aber nach meiner Einschätzung jenseits dieser Konstruktionsfragen und Fragen von Ausbildungs-Chronologien. Es liegt auf der Ebene von Ausbildungsinhalten. Die werden in den Ländern mit BA/MA-Studiengängen jetzt noch stärker – und sozusagen offiziell – von den Hochschulen bestimmt. Zwar betont man seit Jahren, auch schon vor den BA/MA-Reformen, dass Studierende Kompetenzen erwerben – und nicht Inhaltskataloge abarbeiten sollen. Aber letztlich kann man das Eine doch nicht ganz vom Anderen trennen; gibt es Kompetenzen nicht ganz losgelöst von Inhalten. Und die Länder mit Erstem Staatsexamen schreiben in ihren zentralen Prüfungsordnungen durchaus weiter Themen- und Inhaltsbereiche für das Studium vor, die auch Entscheidungsmaßstab für Anerkennungsanträge werden.

34 Bei einem Wechsel in ein Land mit nur zwölf Monaten Vorbereitungsdienst müssen schon sechs Monate schulpraktischer Ausbildung aus dem Studium „mitgebracht“ werden, um die Norm von insgesamt 18 Monaten schulpraktischer Ausbildung zu erreichen, die die KMK in ihrem Beschluss vom 28.2.2007 für die bundesweite Anerkennungsfähigkeit Zweiter Staatsprüfungen definiert hat. Vgl.u. Fußnote 35.

## *D. Was kann man für die Sicherung der Abschlussanerkennung tun?*

Zum Glück kann man sagen: einiges wurde schon getan; einiges hat die Kultusministerkonferenz – haben die Länder in der KMK – schon erreicht. Drei Erfolge möchte ich hervorheben:

- In ihrem Saarbrücker Beschluss vom Oktober 2008 hat die KMK sog. Fachstandards vereinbart,[35] unter Beteiligung der jeweiligen – zahlreichen – wissenschaftlichen Fachgesellschaften. Sie hat für fast alle einzelnen Fächer Kompetenz- und Inhaltsanforderungen vereinbart. Recht abstrakt zwar, aber dennoch ein großer Erfolg zur Rationalisierung, zur Versachlichung der Anerkennungsverfahren und als Rahmen für die einzelnen Hochschulen.
- An zweiter Stelle muss man nennen eine – weniger bekannte – Vereinbarung vom Februar 2007.[36] Diese legt fest, dass die Summe der schulpraktischen Ausbildung in Vorbereitungsdienst und Praktika mindestens 18 Monate betragen muss, davon mindestens zwölf Monate als Vorbereitungsdienst ausgestaltet, und die Länder grundsätzlich Zugang zu ihrem Vorbereitungsdienst gewähren, wenn ein Bewerber in den Lehrämtern des gehobenen Dienstes ein Studium mit sieben Semestern Regelstudienzeit ordnungsgemäß abgeschlossen hat, das im jeweiligen Herkunftsland Zugang zum Vorbereitungsdienst eröffnet.
- Grundlage dieser beiden Erfolge der KMK war ihr bekannter "Quedlinburger Beschluss" vom Juni 2005 zur gegenseitigen Anerkennung von Abschlüssen.[37] Hier haben die Länder die Husumer Forderung von 1999 nach zwei Staatsexamina modifiziert: universitäre Abschlüsse unter bestimmten Bedingungen als Ersatz für das Erste Staatsexamen akzeptiert. Und sie haben vereinbart, eine staatliche Mitverantwortung für die gesamte Lehrerausbildung zu erhalten: In den Ländern mit BA/MA-Studiengängen werden danach die Schulministerien an der vorlaufenden Akkreditierung der einzelnen Studiengänge (sog. Programmakkreditierung) beteiligt und abschließende Akkreditierungsentscheidungen an ihre Zustimmung gebunden.

35 Ländergemeinsame inhaltliche Anforderungen in der Lehrerbildung für die Fachwissenschaften und Fachdidaktiken (Beschluss der Kultusministerkonferenz vom 16.10.2008 i. d. F. vom 16.09.2010). http://www.kmk.org/fileadmin/veroeffentlichungen_beschluesse/2008/2008_10_16-Fachprofile-Lehrerbildung.pdf. In ähnlicher Weise entstanden bereits 2004 die Standards für die Lehrerbildung: Bildungswissenschaften (Beschluss der Kultusministerkonferenz vom 16.12.2004).

36 Lösung von Anwendungsproblemen beim Quedlinburger Beschluss der Kultusministerkonferenz vom 02.06.2005 (Beschluss der Kultusministerkonferenz vom 28.02.2007). http://www.kmk.org/fileadmin/veroeffentlichungen_beschluesse/2007/2007_02_28-Quedlinburger-Beschluss2005.pdf

37 Eckpunkte für die gegenseitige Anerkennung von Bachelor- und Masterabschlüssen und Studiengängen, mit denen die Bildungsvoraussetzungen für Lehramt vermittelt werden (Beschluss der Kultusministerkonferenz vom 02.06.2005). http://www.kmk.org/fileadmin/veroeffentlichungen_beschluesse/2005/2005_06_02-Bachelor-Master-Lehramt.pdf

Was kann man darüber hinaus für die Zukunft weiter tun zur Sicherung der Abschlussanerkennung? Nach meiner persönlichen Einschätzung sollte die KMK – sollten die Länder – vor allem bestimmte Dinge nicht tun:

- Sie sollten nicht Debatten und Fragen der Schulstruktur vorschnell mit Fragen der Lehrerausbildung oder gar der Anerkennung von Lehramtsabschlüssen verbinden. Das Recht der Lehrerausbildung ist ein dem Schulrecht nachfolgendes System; Lehrerausbildung kann nicht Fragen der Schulstruktur vorgreifen. Zudem funktionieren die Rahmenvereinbarungen der KMK zu den Lehramtstypen[38] als Grundlage der gegenseitigen Anerkennung von Abschlüssen gerade aufgrund ihrer Abstraktheit; sie vermeiden insbesondere für den Bereich der Sekundarstufe I Bezüge zu konkreten Schulformen mit ihren Bezeichnungen, Bildungsgängen und Konzepten. Die Vereinbarungen zur Lehrerausbildung sind daher ein denkbar ungeeigneter Rahmen, um Fragen der Schulstruktur zu diskutieren (zumal die für Beschlüsse hier erforderliche Einstimmigkeit wohl praktisch ohnehin bis auf weiteres nicht erreichbar ist).
- Die Länder sollten m.E. auch Diskussionen im Hochschulbereich nicht vorschnell für die Lehrerausbildung aufnehmen oder forcieren, die bereits zum jetzigen Zeitpunkt auf weitere Reformen zielen; etwa auf eine stärkere Rolle der Fachhochschulen in der Lehrerausbildung oder auf die Umgestaltung des gesamten Akkreditierungssystems[39] in Richtung auf sog. Systemakkreditierungen, bei denen am Ende die Qualität der einzelnen Studiengänge nur noch innerhalb der jeweiligen Hochschule geprüft und zertifiziert wird.

Ein Abschied von der heutigen Akkreditierung der einzelnen Lehramtsstudiengänge unter Beteiligung der Schulministerien hätte einschneidende Wirkungen: Er würde vor allem die praktische Wirksamkeit der eben dargestellten Fachstandards der KMK für die einzelnen Fächer erheblich einschränken – denn es gäbe dann kein Verfahren mehr, in dem ihre Einhaltung – mit einer gewissen Öffentlichkeit und den Einzelfall übergreifend – dokumentiert werden könnte.

Ein Abschied von den heutigen Lehramtsakkreditierungen würde letztlich den grundlegenden Kompromiss von Quedlinburg obsolet machen, der darauf beruht, dass der Verzicht auf die Erste Staatsprüfung durch alternative Formen und Verfahren staatlicher Mitverantwortung ausgeglichen wird.

38 Vgl.o. bei Fußnote 15.

39 Verfassungsrechtlich steht das Akkreditierungssystem, die Übertragung staatlicher Aufgaben auf Hochschulen und privatrechtlich organisierte Akkreditierungsagenturen, derzeit auf dem Prüfstand des BVerfG, dem eine entsprechende Vorlage des VG Arnsberg zur Normenkontrolle vorliegt (VG Arnsberg, Beschluss vom 16. April 2010; 12 K 2689/08; dazu S. Meyer, NVwZ 2010, S. 1010). Ausgangspunkt ist hier allerdings eine spezielle Fragestellung aus dem Bereich der privaten Hochschulen.

Damit würden zum einen die Chancen dafür sinken, dass sich in weiterer Zukunft vielleicht doch einmal alle Länder unter einem gemeinsamen BA/MA-Dach vereinen (was bundesweit die Anerkennung von Abschlüssen erleichtern – und bundesweit auch im Hochschulinteresse liegen müsste).

Zum anderen würde die bundesweite Anerkennung sicher sogar hinter den heutigen status quo zurück fallen. Schon heute gibt es Anerkennungsverfahren, bei denen Absolventen akademischer Master-Abschlüsse aus anderen Ländern in jedem Einzelfall darauf überprüft werden, ob sie die sog. Fachstandards erfüllen. Das Risiko trägt dann am Ende der einzelne Absolvent, die einzelne Absolventin – unter Umständen viele Jahre nach Abschluss der eigenen Ausbildung. Solcher Art Anerkennungsverfahren kann man nur verhindern, wenn man Transparenz im Vorhinein schafft, wenn man Vertrauen schafft durch zeitlich vorlaufende und abstrakte, auf die einzelnen Studiengänge bezogene Akkreditierungsverfahren mit einer gewissen Öffentlichkeit.

Positiv können die Länder Vertrauen schaffen, indem sie im engen Austausch darüber bleiben, welche Regelungen sie jeweils für die Lehrerausbildung schaffen, ob und wo die Entstehung von Anerkennungshindernissen zu befürchten ist, und wie ggf. im Konkreten entstehende Hindernisse ausgeräumt werden können. Denn letztlich wird es weiter auf die Anerkennungspraxis der einzelnen Länder und ihrer Behörden ankommen; auch auf das Selbstverständnis der für Anerkennungen zuständigen Personen, die einerseits den gesetzlichen Auftrag haben, landesspezifische Qualitätsanforderungen zu sichern, andererseits aber ebenso den gesetzlichen Auftrag, als „Übersetzer“ oder „Brückenbauer“ extern ausgebildeten Personen Zugang zum eigenen Schulsystem zu ermöglichen.

„Gelöst“, beantwortet, ist die Frage der bundesweiten Abschlussanerkennung insofern nicht. Unter den geltenden föderalistischen Rahmenbedingungen ist sie auch nicht pauschal und abschließend lösbar, sondern ein dauerhafter Auftrag.

In dem offenen rechtlichen und politischen Rahmen, den ich versucht habe darzustellen, verstärkt durch den offenen Ausgang der aktuellen Reformprozesse, liegt es bei den einzelnen Ländern, welchen Stellenwert sie dem Mobilitätsinteresse und der Berufsausübungsfreiheit des Einzelnen im Ergebnis geben. Das gilt gerade dann, wenn die Interessen des Einzelnen nicht nur mit legitimen und rechtlich definierten Qualitätserwartungen des aufnehmenden Landes konfligieren, sondern – unterschwellig – vielleicht auch mit dessen wechselnden personalwirtschaftlichen Interessen. Hier sollten die Länder sich selbst immer wieder kritisch hinterfragen. Hier ist aber sicher auch in Zukunft der kritische Blick der Gerichte nötig (im Rahmen von deren beschränkten Möglichkeiten) und der kritische Blick der Fach-Öffentlichkeit.

## E. *Was zeigt der Blick über den deutschen Tellerrand hinaus?*

So wie die KMK 1990 von der deutschen Wiedervereinigung eingeholt wurde, 1999 in Husum bereits eingeholt wurde von den Bologna-Reformen in Deutschland (die ja ihrerseits schon auf internationalen Vereinbarungen zum Hochschulraum beruhten), so werden die Bemühungen zur Sicherung der Abschlussanerkennung unter den Bundesländern möglicherweise eingeholt durch Entwicklungen bei der Anerkennung internationaler Abschlüsse.

Gestützt auf die Gemeinschaftsverträge und das Recht der Arbeitnehmerfreizügigkeit kann die EU nämlich viel weiter gehend Vorgaben machen als der Bund. Ihre erste Anerkennungsrichtlinie von 1989 wurde zwar in den deutschen Bundesländern überwiegend zunächst nur zögerlich umgesetzt. EuGH und Verfahren der EU-Kommission geben dem aber immer mehr Nachdruck. Das EU-Recht zwingt im Ergebnis praktisch zur Anerkennung aller fremden Abschlüsse. Es lässt nur sog. Anpassungsmaßnahmen zu, die eine beschränkte Dauer haben; und es zwingt dazu – in Abweichung von den beamtenrechtlich geprägten Regelungen in Deutschland – bei der Anerkennungsentscheidung neben nachgewiesenen Ausbildungen auch nachgewiesene Berufspraxis zu berücksichtigen. Dabei sind die Ausbildungen europaweit noch viel heterogener als unter den Bundesländern. Vor allem steht Deutschland hier fast allein mit seiner Zwei-Fach-Ausbildung und mit seiner Zwei-Phasigkeit von Studium und Vorbereitungsdienst. Dadurch entstehen ganz neue Perspektiven für Studieninteressenten und ganz neue Schwierigkeiten für Anerkennungsverfahren. Wer etwa im Raum Aachen lebt und Grundschullehrer oder Grundschullehrerin werden will, hat die Wahl zwischen einem fünfjährigen Studium und anschließendem 18-monatigen Vorbereitungsdienst in Nordrhein-Westfalen und einem dreijährigen Bachelorstudium mit integrierter Schulpraxis z.B. in Belgien. An der Hochschule der deutschen Minderheit in Eupen, gut zehn Kilometer von Aachen entfernt, geht das sogar in deutscher Sprache. Z.B. in den Niederlanden kann man – wie in den meisten auswärtigen Staaten – auch mit einem Studium in einem Fach Lehrer werden. Bei einem anschließenden Wechsel nach Deutschland kann man von den Absolventen nur wahlweise einen Anpassungsmaßnahme oder eine Eignungsprüfung verlangen.

Anlass zu panischen Konsequenzen besteht dadurch sicher nicht. Allein Nordrhein-Westfalen ist größer als Belgien, und die genannte Hochschule in Eupen ist zum Glück sehr klein. Vor allem Sprachkenntnisse setzen den Studienmöglichkeiten faktisch Grenzen und Anpassungsmaßnahmen dürfen immerhin bis zu maximal drei Jahre dauern. Aus der Perspektive des deutschen Rechts wird man dennoch, auch bei geringen Fallzahlen, in manchen Fallkonstellationen Fragen der „Inländerdiskriminierung" stellen.[40]

Verbreitert und vertieft wird die Problematik jetzt noch einmal durch die Gesetzgebungsverfahren zum Berufsqualifikationsfeststellungsgesetz (BQFG), das über die EU hinaus auch Abschlüsse aus allen Drittstaaten erfasst.

Es führt zumindest tendenziell zu einer Annäherung der Anerkennungsverfahren für Drittstaatler an die Verfahren für EU-Ausländer – obwohl die Differenzen in den Ausbildungen weltweit freilich noch einmal viel größer sind. Der Bund hat ein solches Gesetz für die meisten bundesrechtlich geregelten Berufe bereits erlassen, mit Ausnahme etwa der juristischen Berufe.[41] Die Länder bemühen sich derzeit mit Hilfe eines Mustergesetzes um möglichst einheitliche Gesetze für ihre landesrechtlich geregelten Berufe. Es zeichnet sich ab, dass zumindest ein kleinerer Teil der Länder diese weit gehenden Anerkennungsregelungen, jedenfalls modifiziert, auch für den Lehrerberuf erlassen will.

Auch durch eine solche Verschärfung der EU-Problematik wird man in weiterer Zukunft bei Anerkennungsfragen vielleicht doch mehr über Bologna und Eupen sprechen als über Hamburg und Husum. In jedem Fall sind diese Entwicklungen aber – dies als Schlusswort zum heutigen Thema – ein Grund mehr für eine offene Anerkennungspraxis unter den deutschen Bundesländern.

40 Gewisse Verwerfungen wird man insofern wegen des Anwendungsvorrangs des EU-Rechts akzeptieren müssen. Das deutsche Grundrecht auf Gleichbehandlung (Art. 3 Abs. 1 GG) kann jedenfalls nicht dazu führen, dass man in Deutschland an Inländer nur noch Anforderungen stellen dürfte, die dem kleinsten gemeinsamen Nenner von Anforderungen in der europäischen Rechtsgemeinschaft entsprechen.

41 Gesetz v. 6.12.2011, BGBl. I, S. 2515; Überblick bei R. Maier/B. Rupprecht, Das Anerkennungsgesetz des Bundes, WiVerw 2012, S. 62 ff.